इस बार होली में

इस बार होली में

रामदरश मिश्र

वाणी प्रकाशन

वाणी प्रकाशन

4695, 21-ए, दरियागंज, नयी दिल्ली 110 002

फ़ोन : +91 11 23273167 फ़ैक्स : +91 11 23275710

शाखाएँ

अशोक राजपथ, पटना 800 004, बिहार

कॉफ़ी हाउस कैम्पस, महात्मा गांधी मार्ग, इलाहाबाद 211 001, उत्तर प्रदेश

महात्मा गांधी अन्तरराष्ट्रीय हिन्दी विश्वविद्यालय, वर्धा 442 001, महाराष्ट्र

www.vaniprakashan.in
marketing@vaniprakashan.in
sales@vaniprakashan.in

IS BAR HOLI MEIN
by Ramdarash Mishra

ISBN : 978-93-5229-430-5
Collection of Stories

प्रथम संस्करण 2016
आवृत्ति 2019

मूल्य : ₹ 325

सिटी प्रेस, दिल्ली-110 095 में मुद्रित

वाणी प्रकाशन का लोगो मक़बूल फ़िदा हुसेन की कूची से

यह संग्रह

इधर काफी दिनों से कहानी-लेखन का क्रम टूटा हुआ था। इस वय में अब छोटे आकार की रचनाएँ ही सृजित हो पा रही हैं। कभी कोई कविता लिख ली, कभी डायरी। गत वर्ष 'साहित्य अमृत' के कहानी विशेषांक के लिए प्रभात जी ने कहानी माँगी। उनके स्नेहपूर्ण आग्रह पर 'बहुत सुन चुकी' कहानी सम्भव हो सकी। 'साहित्य अमृत' के इस वर्ष के कहानी विशेषांक के लिए डॉ. प्रकाश मनु ने कहानी चाही तो मेरी चुप्पी टूटी और 'एक यात्रा यह भी' कहानी का जन्म हुआ। चुप्पी टूटी तो मन कहानी-लेखन के प्रति कुछ उन्मिषित हुआ और मैं धीरे-धीरे कई छोटी बड़ी कहानियाँ लिख गया। मेरे बिलकुल आसपास जो घटित होता रहा वही कहानी का रूप लेता गया। इस संग्रह में ये नयी कहानियाँ तो हैं ही कुछ पहले की भी लिखी हुई हैं जो पत्र-पत्रिकाओं में तथा अन्यत्र तो प्रकाशित हैं किन्तु किसी मूल कहानी-संग्रह में प्रकाशित नहीं हुई हैं। दो कहानियाँ 'बेटी' और 'इस बार होली में' क्रमशः मेरे उपन्यासों 'थकी हुई सुबह' तथा 'बीस बरस' से ली गयी हैं। ये उपन्यास अंश, अपने आप में कहानियाँ भी हैं।

—रामदरश मिश्र

22-8-2014

अनुक्रम

भविष्य	9
साढ़ेसाती	16
बहुत सुन चुकी	20
एक यात्रा यह भी	31
कुमुद-कथा	35
शारदा कुंज	43
छोटू और कुत्ता	48
क्लाइमेक्स	51
ज़िन्दगी के रास्ते	54
चम्पा	57
अकेलापन	61
टेंशन	64
चिकित्सा	68
बेटी	72
इस बार होली में	86
पानी	98
परदेश में	104
लड़की	108
हद से हद तक	112

भविष्य

कल हरिद्वार से शिव भाई का फोन आया था। आज फिर वहाँ से गुजर रही हूँ, जहाँ कभी उनकी दुकान थी। रंग-बिरंगे कपड़ों में छोटे-छोटे बच्चे और अंग्रेजी का पाठ याद करता हुआ उनका कोलाहल। हाँ, यह एक बड़े कमरे में छोटे-छोटे बच्चों की अंग्रेजी पाठशाला है। यानी कि इसमें देश और समाज के भविष्य की प्रारम्भिक रचना की जा रही है। इन्हीं में भविष्य का कहीं होना भी महसूस होने लगता है। जब-जब इस दुकान के सामने से गुजरती हूँ एक उदासी मुझे डँस लेती है। बच्चों की भीड़ के पीछे एक आदमी दिखाई पड़ने लगता है और बच्चों के कोलाहल के पीछे उस आदमी का शान्त सौम्य चेहरा, उस पर फैली हुई स्निग्ध हँसी और ओंठों से धीरे-धीरे झरती मधुर वाणी। हाँ, तब इस शिक्षा की दुकान के स्थल पर गहनों की दुकान थी और उसके मालिक थे शिव महाजन। थे तो सोने-चाँदी के दुकानदार लेकिन लगता था कि वे कोई सन्त थे और शापवश दुकानदारी की दुनिया में आ गये थे। और आ भी कहाँ गये थे, आना पड़ गया था।

वैसे तो मैं गहने खरीदती नहीं हूँ। न शौक है, न इतना इफरात पैसा कि गाहे-बगाहे गहने खरीदती रहूँ। हाँ, बेटियों के विवाह के अवसर पर जब खरीद करनी हुई, तब चाँदनी चौक चली गयी। अपने मोहल्ले के दुकानदारों पर विश्वास नहीं होता। लेकिन उस दिन पता नहीं क्यों महाजन की दुकान की ओर खिंच गयी। छोटी-सी खरीद करनी थी अतः सोचा कि कोई बात नहीं, अपने मोहल्ले में भी तो देखना चाहिए। कोई ठगेगा भी तो कितना? दुकान पर जो व्यक्ति बैठा था वह अपनी रूपरेखा, व्यवहार और बातचीत में दुकानदार लगा ही नहीं, लगा कोई सन्त बैठा हुआ है जिसकी वाणी से ईमानदार शब्द रह-रहकर झर रहे हैं। गहने खरीदे और विश्वास हो गया कि वह व्यक्ति किसी को ठग ही नहीं सकता।

फिर तो यह दुकान अपनी दुकान हो गयी और बहुओं के गहनों तथा कभी-कभी तीज-व्रत के अवसर पर पहने जाने वाले गहनों के लिए यहाँ आने लगी। ज्यों-ज्यों इस दुकान से जुड़ती गयी, त्यों-त्यों इसमें से गृहता की गन्ध फूटती गयी। और शिव महाजन दुकानदार की अपेक्षा मेरे घर के सदस्य लगने लगे। वे इतने विनीत और शालीन हैं कि सामान मेरे घर पहुँचा देने लगे। मेरे पतिदेव कभी उन्हें रुपये

देने गये तो संकोच से गड़ गये और बोले—“बाबूजी आपने क्यों कष्ट किया, मैं घर आकर ले लेता न।”

एक दिन उनकी दुकान पर पहुँची तो बहुत उदास-से दिखे। मुझे देखते ही उन्होंने अपनी उदासी झटककर फेंकने की कोशिश की। फिर भी आँखें उदासी के पीछे के रहस्य को नहीं छिपा पा रही थीं। मैंने पूछा—“क्या बात है भाई साहब, कुछ परेशान-से लग रहे हैं!”

“अरे नहीं-नहीं बहनजी, बस सिर में दर्द-सा है।”

“नहीं, भाई साहब, यह दर्द सिर का नहीं, भीतर का लग रहा है।”

शिवजी से पारिवारिक स्तर पर इतना गहरा सम्बन्ध बन गया था कि वे घर-द्वार की बातें बताते थे। वे मुझे अपना और अपने घर का परम शुभचिन्तक मानने लगे थे। तमाम सुख-दुख की बातें कहते थे। आज छिपाते-छिपाते भी उनकी आँखों में आँसू छलछला आये।

“जाने दीजिए भाई साहब, मैंने खामखाह आपके दर्द को छेड़ दिया।”

“नहीं बहनजी, आपके छेड़ने से आँसू नहीं आये हैं। लगता है आप ही मेरे दुख-दर्द में शरीक हो सकती हैं। इसलिए आपके सामने ये आँसू अपने आप ढरक आये।”

कुछ देर मौन छाया रहा। वे बोले—“बहनजी, आदमी बेटे की कामना करता है कि वह वह बुढ़ापे में सहारा बनेगा। मैंने और मेरी पत्नी ने भी कामना की थी। मेरी दो लड़कियाँ थीं। हम उन्हें बहुत प्यार करते थे—और यह भी जानते थे कि लड़कियाँ अपने माँ-बाप को बहुत ही प्यार देती हैं। लेकिन आखिर वे एक दिन विदा होकर ससुराल चली जाती हैं और बचते हैं माँ-बाप या उनमें से एक। हमने मनौतियाँ मानीं, पूजा-पाठ कराये, डॉक्टरों की शरण ली, क्या-क्या नहीं किया, तब हमें एक पुत्र प्राप्त हुआ। कितना उछाह भर गया था—पूरे परिवार में। वह हम सबका भविष्य था, अतः उसका नाम रखा भविष्य।”

वे रुके और बोले—“बहनजी आप जल्दी में तो नहीं हैं? मैं भी खूब रहा, आप न जाने किस काम से आयीं और मैं अपना पँवारा ले बैठा।”

“नहीं भाई साहब, मैं किसी काम से नहीं आयी थी। आपके कुछ रुपये बाकी थे, देने आयी हूँ।”

“अरे रुपये कहीं भागे जा रहे थे, मैं आकर ले लेता। तो बहनजी...”

कुछ ग्राहक आ गये और शिवजी बोलते-बोलते रुक गये।

“मैं चलती हूँ भाई साहब, आप अपने ग्राहक देखिए।”

“ठीक है बहनजी, मैं घर आऊँगा। आपके यहाँ आकर बड़ा सुकून मिलता है। आपसे कुछ कह-सुनकर जी हल्का हो जाता है।”

मैं चली आयी लेकिन शिव भाई का उदास चेहरा साथ लिए हुए आयी। समझ गयी कि बेटे को लेकर कोई दर्द है। पहले भी वे इशारों-इशारों में बता चुके हैं कि

बेटा उनके साथ बहुत बदतमीजी से पेश आता है।

शाम को दुकान से फुरसत पाकर शिव भाई मेरे घर आ गये। मैंने चाय-बाय पिलायी। वे प्रकृतिस्थ हुए तो बोले—"बहनजी, मैं जानता हूँ कि आप सबके दुख से दुखी हो जाती हैं और मेरे लिए तो आपके मन में विशेष जगह है। मुझे उदास देखकर आप आयी होंगी तो मेरी उदासी आपको परेशान किये होगी। सोचती रही होंगी कि क्या वजह है कि शिव इतना उदास है। यही सोचकर मैं दुकान से सीधे यहाँ चला आया। सोचा—कुछ कह-सुनकर अपने जी का भार तो हल्का करूँगा ही, आपका भी जी हल्का करूँगा।"

कुछ देर की चुप्पी के बाद वे बोले—"बहनजी, मैंने दुनिया बहुत देखी है, लोगों को देखा है, जहर भी कम नहीं पिया है, लेकिन अपने परिवार के प्यार के भरोसे और उसके प्यार के लिए ही सब-कुछ मस्ती से झेलता आया हूँ। आपको शायद पता नहीं होगा कि मैं पहले सरकारी नौकरी में था। अच्छे पद पर था। दिल्ली में ही था। अच्छे घर की एक बहुत अच्छी पत्नी थी, दो प्यारी-प्यारी बेटियाँ थीं, बेटा भविष्य भी पैदा हो चुका था। एकाएक मेरा तबादला मद्रास हो गया। मैं सोच में पड़ गया—कहाँ दिल्ली, कहाँ मद्रास। परिवार यहाँ रहे और मैं मद्रास में। और वह भी पता नहीं कितने साल वहाँ रहना पड़े। कैसे सपरेगा? मैंने कोशिश की तबादला रुकवाने की लेकिन सफल नहीं हुआ, इसलिए इस्तीफा दे दिया।

इस्तीफा तो दे दिया मगर उसके बाद? उसके बाद तो सड़क पर आ गया था। सरकारी मकान खाली करने का नोटिस भी आ गया। क्या करूँ क्या न करूँ, सोच में था कि श्वसुरजी ने उबार लिया। वे सोने-चाँदी के बड़े व्यापारी थे। उनका मकान विकासपुरी में था। उन्होंने कहा—उसमें जाकर रहो। यह मकान बाजार के बीच था अतः उसी में उन्होंने सोने-चाँदी की दुकान खुलवा दी। मुझे दुकान का अनुभव तो था नहीं और न वह मेरी रुचि का काम था लेकिन करता क्या? उसमें मन लगाने लगा और धीरे-धीरे काम चल निकला। बड़ी राहत-सी मिली। बहुत प्यारी पत्नी, बहुत प्यारी-प्यारी लड़कियाँ और भविष्य का हँसता-खिलखिलाता बचपन। बहुत सुखी था, और चाहिए क्या?"

मैं ध्यान से सुन रही थी कि एकाएक रुक गये और उनका गला भर आया। मैंने उन्हें छेड़ा नहीं, बस जिज्ञासा से ताकती रही।

"समय कहाँ किसी का अपना होता है बहनजी! पता नहीं कब यह देखते-देखते आपको अपने हँसते-गाते घर से खींच ले और एकाएक ऐसे चौराहे पर खड़ा कर दे कि आप सोचते रह जाएँ कि कहाँ जाना है, किधर से जाना है। एकाएक श्वसुरजी चल बसे। उनके जाने के कुछ ही दिनों बाद मेरे साले साहब ने अपना घर मुझसे छीन लिया और भाग्य ने उत्तम नगर में एक किराये के मकान में मुझे डाल दिया। विकासपुरी के मकान में दुकान भी तो थी, इसलिए एकाएक मैं फिर कुछ समय के

लिए बेसहारा हो गया। फिर उत्तम नगर में ही दौड़-धूप करके यह दुकान लेने में सफल हो गया। नये-नये ग्राहकों से परिचय होने में कुछ समय लगा लेकिन कुछ दिनों की डगमगाहट के बाद पाँव सँभल गये और आप लोगों के आशीर्वाद से सब-कुद ठीक-ठाक चलने लगा...''

काल-बेल बजी। झाँककर देखा तीन-चार व्यक्ति दरवाजे पर खड़े थे। शिवजी समझ गये कि कुछ लोग बाबूजी से मिलने आये हैं। अतः उठते हुए बोले—''अच्छा बहनजी, चलता हूँ। बाकी फिर कभी।''

वे चले गये शेष कथा छोड़कर और मैं आगन्तुकों के आवभगत में लग गयी। किन्तु जब रात को खाट पर लेटी तो फिर शिव भाई की शेष कथा ने आ घेरा। हाँ शेष कथा। वैसे तो काफी कुछ जानती हूँ। मैं इनके घर भी गयी थी। इनकी पत्नी इनके जैसी ही प्यारी थी, बेटियाँ भी बहुत प्यारी-प्यारी थीं। दोनों कॉलेज में पढ़ती थीं।

दोनों बारी-बारी विवाहित होकर ससुराल चली गयीं। मैं शादियों में गयी थी। शिव भाई ने बहुत मन से शादियाँ की थीं, अपनी औकात के मुताबिक खूब दान-दहेज दिया था। शादी के बाद भी इनके घर गयी थी। घर जैसे सूना हो गया था किन्तु भविष्य की चहल-पहल उस सूनेपन से टकरा रही थी। शिव भाई ने उसे एक महँगे अंग्रेजी स्कूल में डाल दिया था किन्तु उसकी प्रगति से बहुत खुश नहीं थे। एक दिन बोले थे—''बहनजी भविष्य बहुत शरारती है। पढ़ने-लिखने में इसका मन नहीं लगता।''

''लग जाएगा भाई साहब। शरारती लड़कों का दिमाग बहुत तेज होता है। जिस दिन यह चेतेगा, देखिएगा कमाल करेगा। अभी तो आठ-नौ साल का बच्चा है, खेलने-कूदने के दिन हैं।''

''आपके मुँह में घी-शक्कर बहनजी।''

एक दिन सवेरे-सवेरे शिव भाई के यहाँ से कोई घबराया हुआ आया और बोला—''शिव भाई की पत्नी बहुत बीमार हैं। उनकी अब-तब लगी हुई है। शिव भाई ने आपको बुलाया है।'' मैं भागी-भागी गयी। देखा भाभीजी निरीह आँखों से शिव भाई को देख रही थीं। वहीं भविष्य बैठा रो रहा था। भाभीजी ने भविष्य का हाथ धीरे-धीरे थामा और धीरे-धीरे शिव भाई के हाथों में दे दिया। एक बार उन्होंने शिव भाई को देखा और पुतलियों को भविष्य की ओर घुमाकर इशारा किया कि इसका ध्यान रखना, फिर भविष्य की ओर देखकर पुतलियाँ शिव भाई की ओर घुमा दीं जैसे भविष्य से कह रही हों कि पिता का खयाल रखना। शिव भाई ने रोते हुए कहा था—''विमला तू चिन्ता मत कर। यह मेरा प्राण है, इसे प्राणों की तरह ही पालूँगा।'' और देखते-देखते विमला भाभी के पाण-पखेरू उड़ गये। भरा-पूरा घर धीरे-धीरे खाली होता चला गया था और आज तो घर का केन्द्र ही उड़ गया। बच गये शिव भाई अपने नन्हे पुत्र भविष्य के साथ। मुझे पता है कि किस प्रकार शिव भाई ने अपने दिन काटे हैं। भविष्य के लिए नाश्ता-पानी तैयार करना, उसये स्कूल

भेजना, कपड़े, धोना, भोजन पकाना, फिर दुकान पर जाना। स्कूल के बाद भविष्य दुकान पर ही आ जाता था। वहीं उसका खाना रखा रहता था, खाता था। वहीं उसके सोने की व्यवस्था थी। शिव भाई भविष्य के कारण ही जल्दी दुकान बन्द कर देते थे और शाम को घर लौटकर फिर गृहस्थी के काम सँभाल लेते थे। इसी तरह पाँच-छः साल बीत गये। भविष्य इतना बड़ा हो गया कि वह अब अकेले घर में रह सकता था, अतः अब वह सीधे स्कूल से घर आ जाता था। शिव भाई भी थोड़े निश्चिन्त हुए किन्तु भविष्य की पढ़ाई-लिखाई से वे सन्तुष्ट नहीं हो पा रहे थे। ट्यूटर भी रख दिया था तो भी कुछ विशेष हासिल नहीं हो रहा था। मोहल्ले के आवारा लड़कों के साथ खेलने-कूदने और घूमने में उसे विशेष आनन्द आता था। शिव भाई जब मिलते थे, तब अपने पुत्र के प्रति अपनी पीड़ा को छिपा नहीं पात थे। किसी-न-किसी बहाने व्यक्त कर ही देते थे। उनकी पीड़ा यह भी थी कि भविष्य रह-रहकर बदतमीजी से पेश आने लगा है। आवारा लड़कों के साथ खेलने-कूदने से मना करता हूँ तो बहस करने लगता है। कहते थे—"क्या करूँ बहनजी! दसवीं में है पता नहीं पास होता भी है कि नहीं।"

"कोई बात नहीं भाई साहब, आपकी अपनी दुकान है न। चलती हुई दुकान भी तो सँभालनी है।"

"हाँ बहनजी, लेकिन दुकानदारी में भी उसका मन लगे तब न।"

"बैठाया कीजिए और सिखाया कीजिए।"

"अरे वह तो मेरी सुनता ही नहीं। जब सिर पर पड़ेगी, तब शायद कुछ रास्ते पर आये।"

इस बीच शिव भाई से भेंट कम हुई। हुई भी तो काम की बात हुई और मैं घर चली आयी। मेरी धेवती की शादी थी। मैं गहने खरीदने उनकी दुकान पर पहुँची तो देखा दुकान तो खुली है किन्तु उदास-उदास।

"आइये बहनजी।" शिव भाई बोले।

"भाई, मैं तो गहने खरीदने आयी थी मगर यहाँ तो उजाड़-उजाड़-सा दिखाई पड़ रहा है।"

"हाँ बहनजी दुकान समेट रहा हूँ। काफी सामान बेच दिये हैं। कुछ बचे हैं, उन्हें भी बेचकर दुकान बन्द कर दूँगा।" कहकर वे गमगीन हो गये।

"ऐसा क्यों भाई साहब?"

"बहनजी, इस बार काफी दिनों बाद आपसे भेंट हुई न, इसलिए आप कुछ नहीं जानतीं।"

"हाँ सचमुच बहुत दिनों बाद भेंट हो रही है। लेकिन भाई साहब, दुकान बेच दे रहे हैं तो आपका काम कैसे चलेगा?"

"मैं अब किसी वृद्धाश्रम में जाना चाहता हूँ—अपने जैसे दुखी लोगों के परिवार के बीच, जहाँ लोग एक-दूसरे के सुख-दुख से जुड़कर एक बड़े परिवार की तरह रहते हैं।"

मैं उदास हो आयी। फिर बोली—"लेकिन भविष्य क्या करेगा? दुकान बिक गयी तो वह तो सड़क पर आ जाएगा।"

"आ जाएगा तो आ जाये। उसी के मारे तो मैं वृद्धाश्रम जा रहा हूँ। अब मुझे उससे बिलकुल मोह नहीं रहा।"

मुझे लगा कि काफी कुछ ऐसा घटा है जिससे इनके दिल पर गहरी चोट लगी है। कुछ देर बाद बोली—"चलिए दुकान न सही, भविष्य दुकान के बिकने से मिले पैसे से कोई और कारोबार शुरू कर लेगा।"

"ना बहनजी ना, मैं पैसे भी नहीं छोड़ जाऊँगा। मैं सारा पैसा वृद्धाश्रम में लगाऊँगा।"

"ना भाई साहब ना, ऐसी कठोरता मत दिखाइए, आखिर वह आपका बेटा है।"

"बेटा नहीं है बहनजी, दुश्मन है।"

मैं क्या बोलती।

"बहनजी आपको पता नहीं है—मुझे हार्ट अटैक हुआ था। आधी रात को छाती में दर्द उठा। पहले तो टालता रहा, टालता रहा, जब नहीं सहा गया तो भविष्य को आवाज दी—"बेटे मेरी छाती में बहुत दर्द हो रहा है। मुझे नर्सिंग होम ले चलो।"

"रातभर खाँय-खाय करके सोने नहीं देते, अब आधी रात को नींद खराब कर रहे हैं। सो जाइए सुबह चलेंगे।" भविष्य गुस्से में बड़बड़ाया।

"अरे नहीं बेटे, मैं सुबह तक बचूँगा नहीं, मुझे ले चलो।"

बहुत मन मारकर भुनभुनाता हुआ उठा और पास के नर्सिंग होम में ले गया। डॉक्टर ने जाँच की, उपचार किया और बोला—"दस मिनट की और देर हो गयी होती तो सब-कुछ खत्म हो गया होता।"

सुबह-सुबह भविष्य कॉफी बना रहा था। मैंने कहा—"बेटे मेरे लिए भी एक कप चाय बना दो।"

"कॉफी बनायी है, पी लो।"

"नहीं बेटे, मैं चाय पिऊँगा। मैं कॉफी नहीं पीता।"

"कॉफी पीनी हो तो पी लो, मैं चाय नहीं बनाऊँगा। रात-रातभर खाँसते रहते हो और नींद हराम करते रहते हो। और आज रात तो हद ही कर दी। अब सुबह-सुबह चैन से कॉफी पीने भी नहीं देते हो। मेरी अपनी जिन्दगी है। इसे अपने मन से जिऊँगा। तुम तो अपनी जिन्दगी जी चुके, मेरा जीना क्यों हराम किये हुए हो?"

बहनजी मैं तो सनाका खा गया। क्या मैंने इसे यही संस्कार दिया है? क्या वह स्कूल इसे यही सिखाता है जिसकी लम्बी-चौड़ी फीस देकर इसकी पढ़ाई करवा रहा

हूँ? इससे तो अच्छे वे बच्चे हैं जो अनपढ़ हैं, जिनके दिलों में परिवार का रिश्ता कायम है। लानत है ऐसी पढ़ाई पर।...

वैसे तो खाना बनाने के लिए एक महाराजिन आती है किन्तु कभी-कभी नहीं आती। मैं अब इस स्थिति में तो नहीं था कि खाना बनाऊँ। डॉक्टर ने मुझे आराम करने को कहा था और मेरा सपूत खाना बनाते हुए मुझे न जाने कितने ताने दिया करता था। जब मैं स्वस्थ हो गया तब सोचा—'क्यों जिऊँ इस कपूत के साथ? क्यों जिऊँ इस कपूत के लिए?' बस अब मैं अपनी दुकानदारी समेट रहा हूँ। अगर इसकी अपनी जिन्दगी है तो मेरी भी अपनी जिन्दगी है। इसे एक पैसा नहीं दूँगा, जिये जैसे जीना हो।"

"तो भी भाई साहब!"

"नहीं बहनजी कुछ नहीं। हो सकता है ठोकर खाकर कोई रास्ता पा ले। वैसे मेरे प्यारे-प्यारे साल साहब हैं जिनकी शह पर वह यह सब खेल खेलता रहता है। वे कुछ करना होगा तो कर देंगे, नहीं तो भाड़ में जाएँ दोनों।"

फिर भी मेरे मन में विश्वास था कि शिव भाई ऐसा नहीं करेंगे। परोक्षा रूप से ही सही, भविष्य के लिए कोई व्यवस्था कर जाएँगे।

मैं भारी मन से चली आयी थी। दीपावली के दिन शिव भाई का फोन आया—"दिवाली मुबारक हो बहनजी। मैं यहाँ वृद्धाश्रम में बहुत चैन से रह रहा हूँ। इसमें अपने पैसे से वृद्धों के लिए कई-कई सुविधाएँ निर्मित करायी हैं। हम एक-दूसरे के सुख-दुख को अपना मानते हुए बहुत प्यार से जीवन-यापन कर रहे हैं। लेकिन आपकी बहुत याद आती है बहनजी! आप लोगों का प्यार मेरी रग-रग में रक्त की तरह बहता हुआ महसूस होता है। बस दिल्ली की इतनी ही याद अपने साथ रहने देना चाहता हूँ। कभी हरिद्वार आइये न बहनजी!"

उनका गला भर आया था। कुछ देर चुप रहे फिर बोले—"भविष्य से कभी भेंट होती है बहनजी! कैसा है?" और झटके से फोन रख दिया। मैं देर तक फोन का चोगा उठाये रह गयी।

साढ़ेसाती

वह चलते-चलते थक गया था। लेकिन अब मंजिल सामने थी। वह रास्ते के किनारे बैठ गया। वह आलीशान आश्रम को देखने लगा। हाँ, यही आश्रम है महान तान्त्रिक रोहित स्वामी का। किसी ने उससे कहा था कि इस महान तान्त्रिक से मिलो, बड़े सिद्ध पुरुष हैं। तुम्हारे ऊपर जो दैवी प्रकोप है, उसका शमन कर देंगे और तुम्हारा भाग्य चमक उठेगा। यहाँ एक-से-एक मुसीबतजदा लोग आते हैं और प्रसन्न होकर जाते हैं। वह दस कोस पैदल चलकर यहाँ पहुँचा था। सोचा, अन्दर चलूँ और तान्त्रिक का आशीवार्द लूँ।

लेकिन यहाँ तो गाड़ियों की भरमार लगी है। एक-से-एक शानदार गाड़ियाँ यहाँ रुक रही हैं। इनमें से एक से बढ़कर एक चिकने नर-नारी चेहरे उतर रहे हैं : दोनों हाथों की अनेक उँगलियों में कीमती अँगूठियाँ चमचमा रही हैं। तन पर रेशमी वस्त्र अपनी आभा फेंक रहे हैं। कारों में से चमचमाते हुए पैकेट उतारे जा रहे हैं; शायद चढ़ावे के लिए हों। वह सोच रहा था कि इन देवताओं को कौन-सा दुःख है भाई, कि उसे दूर कराने के लिए तान्त्रिकजी की शरण में आ रहे हैं। आगे बढ़ने की उसकी हिम्मत नहीं हो रही थी। पुलिस का पहरा लग रहा था। गेट पर साधुओं के वेश में कुछ लोग खड़े थे। बहुत देर हो गयी बैठे हुए। वह आगे बढ़ा तो एक साधु ने कहा–"अरे भाई, तू कहाँ अन्दर घुसा चला जा रहा है। देखता नहीं है, मन्त्रीजी अन्दर गये हैं।"

"अरे स्वामीजी, मैं बहुत दुखी आदमी हूँ। मैं गुरुजी का दर्शन करना चाहता हूँ, ताकि मेरा दुख-दलिद्दर दूर हो। वे बताएँगे कि मेरा भाग्य इतना खराब क्यों चल रहा है?"

"देख भाई, गुरुजी इतने सस्ते नहीं हैं कि इखारियों-भिखारियों का भाग्य देखते चलें। जिसका कोई भाग्य ही नहीं है, उसका कोई क्या भाग्य देखेगा? और भाग्य दिखाना ही है तो देख, फुटपाथ पर तोता लिये हुए बहुत से ज्योतिषी बैठे रहते हैं, उन्हें दिखा ले।"

"स्वामीजी, दया कीजिए।"

"अरे हट, देख मन्त्रीजी आ रहे हैं।" कहते हुए एक स्वामी ने उसे ढकेल दिया

और पुलिस का एक सिपाही उसे पकड़कर दूर ठेल आया।

वह बहुत आहत हुआ। थोड़ी दूर पर एक ढाबा दिखा। वह उधर को सरकने लगा। उसने जेब टटोली—हाँ, चाय-भर को पैसे हैं। वह एक बेंच पर बैठ गया। चाय के लिए बोला तो ढाबे वाले ने उसका हुलिया देखकर जानना चाहा कि कोई इखारी-भिखारी तो नहीं है। ढाबे वाले का आशय समझकर वह बोला—"पैसे हैं, भाई।" वह गुस्कराया, ढाबे वाला भी मुस्करा उठा।

उसकी बगल में दो नवयुवक चाय पी रहे थे। आपस में बात कर रहे थे—"सुबह से ही कई मन्त्री आ चुके। कल सुपर स्टार अनंगजी आये थे। परसों करोड़पति भिखारीलालजी आये थे; और छोटे-मोटे नेता-अभिनेता तथा सेठ तो दिन-भर आते ही रहते हैं।"

"भैया, मैंने तो सुना था कि ये रोहित स्वामीजी लोगों का दुख दलिद्दर दूर करते हैं, यहाँ तो सारे देवता लोग आ रहे हैं?" उसने डरते-डरते उन युवकों से पूछा।

उन दोनों ने एक साथ उसे देखा। वह थोड़ा घबराया कि कहीं ये सब बुरा न मान गये हों।

"भाई, लगता है, आप कहीं से नये-नये आये हो। अरे, सबसे बड़ा दुःख तो इन्हीं लोगों को है।"

इतना कहकर वह युवक चुप हो गया। उसे लगा कि बात तो और उलझ गयी। सबसे बड़ा दुख इन्हीं लोगों को है—इसका क्या मतलब? लेकिन वह युवक बुरा न मान जाये, इसलिए आगे पूछने की हिम्मत नहीं हुई। किन्तु वह युवक समझ गया कि यह बेचारा गरीब आदमी उलझन में पड़ गया है। वह बोला—"भैया, तुम्हें मालूम है न, चुनाव आने वाला है?"

"हाँ, सुन तो रहा हूँ।"

"और यह भी जानते हो न कि एक बार जो मन्त्री की कुरसी पर बैठ जाता है, वह देश को अपनी जागीर समझने लगता है और न जाने उससे क्या-क्या उगाहता रहता है। और जब चुनाव आता है तब वह डर जाता है कि उसकी इतनी बड़ी जागीर कहीं छिन न जाये। उसने जनता के लिए कुछ काम तो किया नहीं होता है, इसलिए उसका डर स्वाभाविक है। कुरसी हिलती हुई लगने लगती है। उसका दिन का चैन और रात की नींद हराम हो जाती है। तब रोहित स्वामी के यहाँ भागता है। किसी की जागीर छिन जाना कम तकलीफ की बात है क्या?"

'समझा' के भाव से वह सिर हिलाने लगा।

"और देखो, चुनाव के दिन आते ही सभी मन्त्रियों को साढ़ेसाती लग जाती है। और सेठों को देखो तो लगता है, बेचारे कितनी विपत्ति के मारे हुए हैं। उन्हें चिन्ता रहती है कि रातोरात एक करोड़ का दस करोड़ कैसे हो? कैसे उनका स्मगलिंग का सामान सही-सलामत अपनी जगह पहुँच जाये? कैसे वे ईमानदार

अफसरों और नेताओं को खरीदकर हराम की अपनी सारी कमाई पचा सकें? कैसे वे अपने खिलाफ उठे मजदूरों के आन्दोलन को दबा सकें? इन्हीं चिन्ताओं में न तो वे ढंग से खा पाते हैं, न सो पाते हैं और इलाज खोजने स्वामीजी के पास चले आते हैं। कुछ समझ रहे हैं आप?''

''हाँ बाबू, समझ रहा हूँ।''

''और ये अभिनेता भी तो यश, पैसे और भविष्य की असुरक्षा के डर के मारे हुए हैं। जनता कब तक उनकी जय बोल रही है और कब उठाकर बाहर फेंक देगी, किसी को पता नहीं। इसी डर से और प्रतिस्पर्धा में दूसरों को पटकनी देने की महत्त्वाकांक्षा से ये स्वामीजी की शरण में आया करते हैं। और स्वामीजी उन्हें अभय वरदान देते रहते हैं। देखा नहीं, ये तमाम अभिनेता बाँह में गंडा और गले में ताबीज बाँधे रहते हैं और ताबीज में इस स्वामी की या किसी और स्वामी की छोटी-सी तसवीर मढ़ी रहती है। ये सब भिखारी हैं, और सच पूछो तो भइया, यह स्वामी खुद ही बड़ा भिखारी है; यह औरों का कष्ट दूर करने का स्वाँग करता हुआ अपने सुखों का पहाड़ खड़ा करता रहता है।''

''अरे भाई, यही क्यों, साढ़ेसाती के मारे न जोने ऐसे कितने-कितने शिक्षक, कलाकार, साहित्यकार और समाजसेवी चुपके-चुपके आते रहते हैं, जो खुलेआम अपने को विद्रोही कहते हैं। यहाँ आकर स्वामीजी के चरणों में गिरकर मनौतियाँ मानते हैं। हम लोग तो प्रायः यहाँ चाय पीते हैं और इस प्रायोजित स्वामीजी की लीला देखते रहते हैं।'' दूसरा युवक बोला।

चायवाला सुनता रहा। पास आकर धीरे से बोला—''आप जो कुछ कह रहे हैं, सही कह रहे हैं; लेकिन इतना तेज बोलकर हमें भी खतरे में डालेंगे और अपने को भी।''

''अरे हाँ रे, जिस तान्त्रिक के चेले मन्त्री हों, सेठ हों, अफसर हों, पुलिस हो, मुस्टंडे साधु हों'—उसके बारे में उसी के आसपास इतना तेज-तेज नहीं बोलना चाहिए।'' युवक बोला।

''हाँ बाबू, मैंने देखा है विरोध का भाव लेकर आने वालों को पिटते हुए।''

''चलो भाई, चलते हैं अब कॉलेज की ओर। कुछ पढ़ाई-लिखाई भी हो जाये।''

''अच्छा बाबू, आप लोगों ने बहुत कुछ ज्ञान दे दिया, अब मैं भी चलता हूँ। सोचा था, साढ़े साती का कोप दूर करने का कोई उपाय पूछूँगा; लेकिन यहाँ तो निस्तार ही नहीं है और मुझसे भी दुःखी लोग लाइन लगाये हुए हैं।''

''तुम्हें साढ़ेसाती है तो आओ मेरे साथ।'' कहकर वे युवक आगे-आगे चलने लगे। वह भी उनके पीछे-पीछे हो लिया। वे एक छोटे से मंदिर के पास जाकर रुके। पुजारी को देखते ही उन्होंने प्रणाम किया।

''कैसे हो, बाबू लोगो?''

''हम तो ठीक हैं, पंडितजी, लेकिन यह गरीब आदमी साढ़ेसाती का मारा हुआ

है। इसे आपके पास लाए हैं। कोई उपाय बताइये। रोहित स्वामी से मिलने आया था, लेकिन आप तो जानते ही हैं...''

पुजारीजी हँसे और उस आदमी को बुलाकर कहा—''देखो भाई, साढ़ेसाती जाएगी तो अपने समय पर, लेकिन कुछ पूजा-पाठ करने से उसका प्रकोप कम हो सकता है।''

''जी पंडितजी।''

''तो ऐसा करो कि हर शनिवार को पीतल के लोटे से पीपल पर जल चढ़ाया करो।''

''पंडितजी, मेरे पास तो पीतल को लोटा भी नहीं है।''

पंडितजी मुसकराए, फिर ठठाकर हँसे।

''क्या बात है, पंडितजी, कोई गलती हो गयी?''

''अरे नहीं रे! अरे बेवकूफ, जब तेरे पास पीतल का लोटा तक नहीं है तो तू क्यों डरता है? साढ़ेसाती तेरा क्या बिगाड़ लेगी? क्या छीन लेगी? अरे, ताल ठोककर शनिश्चर महाराज को ललकार दे—कर लो जो करना हो।''

दोनों युवक, पंडितजी तथा वह—सभी मुस्कराने लगे। फिर एकाएक वह ठठाकर हँसा और चिल्लाकर बोला—''अरे ओ शनिचरा, तुझसे मैं बहुत डर लिया रे! अब आ जा, जो करना हो सो कर ले। तुझे ऐसी पटकनी दूँगा कि तू भी याद रखेगा।''

वह हँसता हुआ और 'शनिचरा, शनिचरा' चिल्लाता हुआ रोहित स्वामी के आश्रम की ओर बढ़ने लगा।

बहुत सुन चुकी

आखिर फैसला लेना ही था, ले लिया। कब तक ढोती अनिच्छा के बोझ को। अब एक अद्‌भुत मुक्ति का अनुभव हो रहा है। रह रह कर अपने से सवाल कर रही हूँ आखिर क्यों ढोती रही इतने दिनों तक सम्बन्धों की लाश। नही लाश भी नहीं, लाश होती तो चुप रहती। वह कोई प्रतिक्रिया तो नहीं करती और मैं केवल उसे ढोने की व्यथा झेलती किन्तु यह तो ज़िन्दा लाश थी जिसे मैं ढोती भी रही और उसके अप्रिय और कष्टकर क्रिया-कलापों तथा बोलों को सहन भी करती रही। भीतर-भीतर मैं कितनी-कितनी पर्तों में टूटती रही और बाहर-बाहर साबुत होने का भ्रम जिलाये रहती थी—अपने लिए भी औरों के लिए भी। लोग सोचते थे सुधा और अरविन्द की क्या जोड़ी है। अरविन्द अपने समय के प्रसिद्ध कवि और सुधा प्रसिद्ध चित्रकार तथा कवि भी। समाज में दोनों का यश व्याप्त है।

'आदर्श जोड़ी?' मेरे भीतर कोई व्यंग्य से मुस्करा पड़ा। अरविन्द बड़े कवि? बड़े कवि ऐसे ही होते हैं क्या? जैसे भी होते हों तुम तो उनकी कविता पर रीझ कर ही न उनकी ओर आकृष्ट हुई थी सुधा रानी! लगा जैसे मेरी आत्मा मुझे चिढ़ा रही है।

हाँ सच है कि मैं उनकी कविता पर रीझी थी। उन्हें तो मैंने बहुत बाद में देखा था और परिचित हुई थी।

याद आ रहा है वह दिन । रोज़ की तरह उस दिन भी पड़ोसिन भाभी की पिटायी हुई थी। पिटायी की आवाज और भाभी का क्रंदन दोनों मिल कर मुझ पर टूट रहे थे। मै बी.एड. कर रही थी और शाम को कॉलेज से घर लौटी थी। दिन भर की थकान तो थी ही ऊपर से पड़ोस की छाया मेरे सिर पर सवार हो गयी। माँ चाय रख गयी। चाय टेबुल पर पड़ी रही, पीने की सुधि ही नहीं रही। माँ ने मेरी अन्यमनस्कता पहचान ली और बोली—"चाय पी ले बेटे। पड़ोस का किस्सा तो रोज़-रोज़ का हो गया है। कैसे राक्षस हैं ये घर वाले। अपना मकान है छोड़ा भी तो नहीं जा सकता। किराये का मकान होता तो बदल देते।" कुछ देर बाद माँ फिर बोली—"लेकिन कहाँ-कहाँ मकान बदलिएगा। जहाँ जायेंगे ऐसे दृश्य देखने को मिलेंगे। बचपन से ही तो देखती आ रही हूँ औरतों की ताड़ना। भगवान क्यों औरत बनाता है? बनाता है तो उसकी रक्षा क्यों नहीं करता?"

मुझे लगा जैसे माँ के भीतर भी कोई निजी दर्द है जिसे उसने परिवार में झेला है किन्तु कभी बताया नहीं। वैसे भी मैं अपने माँ-बाप की सबसे छोटी सन्तान हूँ। मेरे सचेत होने तक भाई लोग काफी बड़े हा गये थे और पुत्र बड़े हो जायें तो माँ को यातना से नजात मिल जाती है।

"तुम ठीक कह रही हो माँ। मैंने भी अपनी इस छोटी वय में ही औरतों के साथ क्या कुछ होते नहीं देखा है। न जाने अपमान के कितने कितने दंश उसे क्षत'-विक्षत करते रहते हैं।" मैं बोली थी और माँ के आग्रह पर चाय सिप करने लगी थी।

पड़ोस का कोलाहल शान्त हो गया था किन्तु मेरे मन में उठने वाला कोलाहल शान्त नहीं हुआ था। मुझे लगने लगा कि दाम्पत्य जीवन एक त्रास है, भय है, बन्धन है, दासता है। मैं इसमें नहीं बधूँगी। नहीं सहूँगी किसी पुरुष की धौंस, अमानवीय व्यवहार और नहीं पिऊँगी रोज़-बरोज़ अपमान के विष की घूँट। मैं बी.एड. कर रही हूँ, स्कूल में नौकरी पा ही जाऊँगी दिल्ली विश्वविद्यालय के बी.एड. की बड़ी प्रतिष्ठा है। नौकरी करूँगी, बच्चों को पढ़ाऊँगी। उनके बीच ही अपनी दुनिया बनाऊँगी और चित्रकला से मुझे गहरा प्रेम है। हॉबी के रूप में उसे विकसित करूँगी और उससे मुझे गहरी मानसिक तृप्ति मिलेगी।

इसी मानसिकता में मैं आज की डाक से आयी पत्रिका उलटने पलटने लगी। मेरी दृष्टि एक कविता के शीर्षक पर अटक गयी। शीर्षक था 'औरत' और कवि थे अरविन्द। नारी की पीड़ा की कितनी गहरी पहचान, नारी के प्रति कितर्नी साम्य भावना और पुरुषवादी समाज के प्रति कितना जलता हुआ आक्रोश। मैं कविता पढ़कर भीतर तक झनझना उठी थी और लगा कि कहीं कोई पुरुष है जो नारी के बारे में उसकी तरह सोचता है। जिसके भीतर वह उजास है जो नारी सम्बन्धी क्रमागत सोच के अँधरे में रोशनी फैला सकता है। मुझे इस कविता के माध्यम से वह अनदेखा कवि दिखाई देने लगा। मैंने उसकी एक छवि बना ली और उससे महकता हुआ लगाव अनुभव करने लगी। मैंने इस कविता की प्रशंसा करते हुए पत्रिका को पत्र लिखा। मैंने तो सीधे कवि को पत्र लिखना चाहा किन्तु संकोचवश न लिख पायी। सोचने लगी कि पत्रिका के माध्य्य से ही जुड़ाव अधिक संगत और सम्मानजनक है।

मेरा पत्र पत्रिका में छपा। उसके कुछ ही दिन बाद अरविन्द का पत्र आया। उन्होंने मुझे धन्यवाद दिया कि मैंने उनकी कविता पसन्द की है। साथ ही पत्र में नारी के पक्ष में काफी कुछ लिखा था और पुरुषवादी समाज की विकृतियों पर गहरा रोष व्यक्त किया था। फिर अन्त में लिखा था "आप क्या करती हैं? आपके विचारों से संवाद करना बहुत अच्छा लगेगा। साहित्यिक गोष्ठियों में आती हैं क्या? आती जाती हों तो शायद कभी भेंट मुलाकात भी हो जाय।"

पत्र पाकर मैं खिल आयी। मुझे लगा कि अरविन्द संवेदनशील युवक तो हैं ही उनमें शील का संयम भी है। अनेक छिछोरे लेखकों की तरह नारी प्रशंसा की

गन्ध पाते ही आकुल-व्याकुल नहीं हो गये। एकांत में मिलने का आमन्त्रण नहीं दे बैठे। साहित्यिक गोष्ठियों में सहज भाव से मिलने की आकांक्षा व्यक्त करना स्वस्थ मन का लक्षण है।

मेरे कुछ चित्र पत्र-पत्रिकाओं में छप चुके थे—रचनाओं के इलस्ट्रेशन के रूप में। लेकिन फिलहाल किसी का ध्यान उधर नहीं गया था। मैंने अरविन्द जी को जो पत्र लिखा उसमें बता दिया कि मैं इतिहास से एम.ए. हूँ और बी.एड. कर रही हूँ। चित्रकला में मेरी रुचि है। कभी-कभी पत्र-पत्रिकाओं को भेज देती हूँ। साहित्य से मेरा गहरा अनुराग है—विशेषतया कविता और कथा से।''

कुछ दिनों दोनों के बीच मौन रहा फिर एक दिन अरविन्द जी की चिट्ठी आयी। ''सुधा जी, आपके चित्र तो पहले भी मेरी आँखों से गुज़रे होंगे किन्तु नया नाम और अपरिचित होने के कारण मैंने ध्यान नहीं दिया होगा। 'भारती' के इस अंक में आपके नाम से कुछ चित्र देखे। विश्वास है आपके ही होंगे। बहुत प्रभावशाली लगे। आपकी कल्पना शक्ति और संवेदनशीलता ने मिलकर जो छवि निर्मित की है उससे आपके भीतर के कलाकार की आभा की सहज पहचान हो रही है। मुझे लगता है कि निश्चय ही आपमें एक अत्यन्त सम्भावनापूर्ण चित्रकार निहित है। उसे अपने सतत श्रम से उजागर होने दीजिए। परन्तु मैं जानता हूँ सुधा जी कि पुरुषवादी समाज ऐसा जड़ और अहंकारी है कि वह स्त्रियों की प्रतिभा को चूल्हे चक्की में झोंककर स्वाहा कर देता है। स्त्रियों की सारी कला और मेधा गृहस्थी के जुए के नीचे दब कर रह जाती है। ईश्वर करे कि आपको ऐसा जीवन साथी मिले जो आपकी कला और मेधा के विकास में अपना सम्मान समझता हो और गहरी तृप्ति का अनुभव करता हो। और हाँ 20 नवम्बर का त्रिवेणी में साहित्यिक कार्यक्रम है आ सकें तो आइए। हाँ कार्यक्रम 5:30 बजे से है किन्तु चाय-पान पौने पाँच बजे ही शुरू हो जायेगा। 5 बजे आ जायेंगी तो कुछ बात हो जायेगी।

मुझे अरविन्द का पत्र पाकर बड़ी पुलक अनुभव हुई। लगा कि मेरे भीतर इस व्यक्ति से मिलने की उमंग जाग उठी है। कल्पना अरविन्द का चित्र बनाने लगी—एक स्वस्थ शरीर, चेहरे पर प्रतिभा की दीप्ति, आँखों में संवेदना की तरलता और भीतर बहता हुआ मनुष्यता का प्रवाह। मैं 20 नवम्बर को त्रिवेणी जाऊँगी—बिना बताये जाऊँगी ताकि उन्हें सरप्राइज दे सकूँ और यदि न जा सकूँ तो उन्हें मेरी प्रतीक्षा की पीड़ा से गुज़रना न पड़े। मैं मुस्करायी—''वाह री सुधा, तूने तो अपने आप अपनी प्रतिष्ठा स्थापित कर ली। तूने अपने ही आप मान लिया कि अरविन्द जी तुम्हारी प्रतीक्षा करेंगे। अरे वे प्रतिभाशील लेखक हैं, न जाने कितने स्त्री-पुरुष से घिरे रहते होंगे। तुम्हारी प्रतीक्षा करने का अवकाश ही कहाँ पायेंगे।''

अरविन्द जी ने मेरे पास निमन्त्रण-पत्र भेजवा दिया था। मैं पाँच बजे पहुँची। जानबूझ कर थोड़ा विलम्ब किया—यह सोचकर कि अरविन्द जी तो थोड़े विलम्ब से

ही पहुँचेंगे और यह देखने के लिए भी कि यदि वे पहुँच गये हैं तो उनकी आँखों में किसी के लिए इन्तज़ार का कोई भाव है कि नहीं। भीड़ हो गयी थी। मैं तो किसी को पहचानती नहीं ?थी। यों ही खड़ी रहूँ अच्छा नहीं लगेगा। इसलिए जाते ही चाय ले ली और प्लेट में नाश्ता भी। चाय पीते-पीते इधर-उधर देखती रही और पहचानने की कोशिश करती रही कि अरविन्द जी कौन हो सकते हैं। कुछ चेहरों को मन में स्थिर किया—इनमें से कोई एक चेहरा अरविन्द जी का है। फिर मैंने एक साहित्यकार से दीखने वाले व्यक्ति से पूछा—"अरविन्द जी को जानते हैं?" "हाँ, क्यों नहीं?" "आये हैं क्या यहाँ?" "हाँ देखिए उस दाढ़ीवाले सज्जन के पास पाजामा कुर्ता और नीली जैकेट में जो सज्जन खड़े हैं वे ही हैं अरविन्द जी।" धन्यवाद देकर मैं आगे बढ़ गयी और थोड़ा पास आकर चुपके से देखने लगी कि अरविन्द जी की आँखों में किसी की खोज का भाव है कि नहीं। और मुझे लगा कि वे दाढ़ी वाले लेखक (हाँ इस बाने में कोई लेखक ही होगा) से बात करते-करते बार-बार इधर-उधर देख तो रहे हैं जैसे किसी की प्रतीक्षा कर रहे हों। मैंने अधिक समय गँवाना उचित नहीं समझा। उनके पास जाकर खड़ी हो गयी और नमस्कार किया। उन्होंने भी नमस्कार किया और कुछ अन्यमनस्कता सा दिखाते हुए बोले—"आऽऽऽऽऽप...सुधा...जी..."

"जी, मैं सुधा।"

वे ठठाकर हँसे और दाढ़ीवाले सज्जन से परिचय कराते हुए बोले--"ये हैं मलयानिल जी प्रसिद्ध प्रगतिवादी समीक्षक।"

"जी नमस्कार आपको पढ़ा है। खुशी हुई आपसे मिलकर।"

"और ये हैं सुधा जी। बहुत प्रतिभाशाली चित्रकार।"

"अरे था।"

"जी ठीक कहा आपने।"

"बहुत प्रभावशाली चित्र बनाती हैं सुधा जी। बधाई।"

मैं संकुचित हो गयी थी और न जाने कब तक उन दोनों से अपनी प्रतिभा का बखान सुनती रही। संयोजक ने आवाज़ दी कि आप लोग कृपया सभागार में चलें।"

"चलिए सुधा जी।" अरविन्द जी बोले। "मैं तो मंच पर चला जाऊँगा। संगोष्ठी के अन्त में मिलियेगा न। मलयानिल आपके साथ रहेंगे।"

"जी नहीं, मैं तो आज आपसे मिलने चली आयी थी। 7 बजे निकल जाऊँगी।"

तो यह थी अरविन्द जी से मेरी पहली भेंट। मैं जितनी प्रभावित उनकी कविता से हुई थी उतनी ही प्रभावित उनके व्यक्तित्व से हुई।

अरविन्द जी की कविताएँ छपती रहीं और उनमें कभी नारी स्वाधीनता के लिए जद्दोजहद दिखाई पड़ती थी, कभी दलितों की पीड़ा और उनकी अस्मिता की पक्षधरता लक्षित होती थी। साथ ही हमारी सांस्कृतिक, सामाजिक और धार्मिक रूढ़ियों पर बहुत निर्भीक प्रहार भी होता था। यह सब मेरे मन को अच्छा लगता

था। मेरे भी चित्र छपते रहते थे और अरविन्द जी के प्रशंसात्मक पत्र आते रहते थे। इस बीच न जाने कब मेरे मन में कविता जाग पड़ी। कविता लिखी, वह छपी तो अरविन्द जी का तो प्रशंसा-पत्र आया ही, अन्य पाठकों के भी पत्र आये। फिर तो कविता का क्रम चल पड़ा।

इस बीच एक स्कूल में शिक्षिका के रूप में मेरी नियुक्ति हो गयी। मुझे प्रसन्नता हुई कि मुझे एक ठोस सहारा मिल गया। कविता तो ठीक है चित्र भी ठीक है लेकिन ये शौक हैं। ये व्यवसाय नहीं बन सकते, यह मैं जानती थी। नौकरी का सहारा मिल गया तो यह शौक भी सम्यक् भाव से चलता रहेगा।

...किन्तु किन्तु अरविन्द जी तो शायद कोई नौकरी नहीं करते। उनका काम कैसे चलता होगा। चलता ही होगा तभी तो इतने प्रसन्न भाव से चल रहे हैं। मेरी कविताएँ सहज भाव से तो छपने ही लगी थीं, अरविन्द जी से प्रेरित होकर उनके मित्र मलयानिल जी ने एक पत्रिका में मेरी कविताओं पर टिप्पणी की थी–"कविता की एक नयी सशक्त सम्भावना।" उससे मैं अनेक पाठकों और लेखकों की दृष्टि में आ गयी। मैंने मन ही मन अरविन्द जी का आभार माना और आभार ही क्यों कहा जाय, उनके साथ एक भीतरी कशिश का स्वर भी उभरने लगा था। यों ही यों ही मैं उनके निकट आने लगी और वे मेरे निकट आने लगे। मैं कभी-कभी साहित्यिक गोष्ठियों में भी जाने लगी। साहित्यिक गोष्ठियाँ अपने आप में तो आकर्षक लगने ही लगी थीं, किन्तु एक विशेष आकर्षण होता था अरविन्द जी से मिलने का।

और एक दिन अरविन्द जी ने प्रस्ताव कर ही दिया–"क्या हम लोग जीवन-साथी नहीं बन सकते?" मैं अचकचा गयी और शरमायी थी। कुछ बोली नहीं। मन तो बोल रहा था कि हाँ क्यों नहीं बन सकते बल्कि ऐसे उदारचेता पुरुष की संगिनी बनना मेरा सौभाग्य होता किन्तु ओठ चुप रहे। आँखें चुप होकर भी बोलती रहीं या बोलती हुई भी चुप थीं।

"क्यों मैंने कुछ अनुचित कह दिया?"

"नहीं..., घर में जरा बात करूँगी।"

"यही तो खराबी है लड़कियों में। वे इतना पढ़-लिखकर और कला-स्रष्टा होकर भी अपने बारे में स्वयं निर्णय नहीं ले पातीं। वही पुराना राग कि पिता जी से पूछना है माँ से पूछना है। खैर कोई जल्दी नहीं है मैं आपके उत्तर की प्रतीक्षा करूँगा।"

मुझे न जाने क्यों अरविन्द जी के इस व्यवहार से हलका सा झटका लगा। शायद इसलिए कि मुझमें अभी पुराने संस्कार हैं। नयी चेतना का व्यक्ति और कलाकार होने का अर्थ यह तो नहीं कि वह अपने परिवार में बनी सामूहिक लय को खंडित कर दे। जहाँ माँ-बाप ने इतना प्यार दिया हो, उसकी इच्छाओं का सम्मान किया हो, वहाँ उनसे फिरंट होकर कोई निर्णय लेना उचित है क्या? क्या एक परिवार में हर आदमी का निर्णय एक दूसरे के निर्णय से टकरा कर ही अपनी सार्थकता सिद्ध

करता है? क्या वे निर्णय एक दूसरे में समा कर अधिक मजबूत और प्रीतिकर नहीं होते? हाँ जहाँ टकराहट अनिवार्य हो जाय वहाँ टकराहट भी होनी ही चाहिए।

मैंने मन ही मन तय कर लिया था कि अरविन्द जी के साथ ही जीवन की यात्रा करनी है यह तो उदार और खुली हुई यात्राओं की सहयात्रा होगी। संकोच से गुजरती गुज़रती एक दिन माँ से अपने मन की बात कह ही दी। माँ ने पिता जी से कही। पिताजी मुझे सामने बैठाकर बात करने लगे। बोले—"बेटी मैं जाति-पाँति को लेकर कट्टर नहीं हूँ। यदि अरविन्द अपनी जाति के हैं तो ठीक, नहीं हैं तो भी कोई बात नहीं। वैसे तुम्हें ज्ञात होगा ही कि वे किस जाति के भूषण हैं।

"पिता जी, मैंने कभी उनकी जाति नहीं पूछी। किसी की जाति पूछना अपमानजनक लगता है किन्तु मैंने एक दिन किसी लेखक को व्यंग्य करते हुए सुना—"देखो यह बनिया अरविन्द ब्राह्मण की लड़की को जाल में फाँस रहा है।"

"तो बनिया हैं वे? कोई बात नहीं। मगर करते क्या हैं?"

"बस लिखते-पढ़ते हैं।"

"मेरा मतलब है किोई नौकरी चाकरी करते हैं क्या?"

"नहीं।"

"तो, जीवन-निर्वाह कैसे करेंगे? कविता-कहानी की खायेंगे पियेंगे क्या?"

"पिता जी अभी उनकी उम्र ही क्या है? कहीं लग जायेंगे। तेजस्वी हैं यशस्वी हैं, जब चाहेंगे कोई नौकरी पा लेंगे।"

"और तब तक?"

"मैं हूँ न! मेरी तो नौकरी है न।"

"यानी वे तुम्हारे भर्ता नहीं हैं, तुम उनकी भर्ता हो।"

मैं चुप रह गयी। पिता जी भी चुप हो गये। और कोई निर्णय निकल कर नहीं आया।

तो पिताजी इस विवाह के पक्ष में नहीं थे। वे जातिवादी विभेद की तो उपेक्षा कर दे रहे थे किन्तु अरविन्द का फ्रीलांसर होना उन्हें अखर रहा था। समझा रहे थे—"बेटी, तमाम फ्रीलांसरों को देखा है। कुछ तो चाय के मुहताज हो जाते हैं। यहाँ-वहाँ एक कप चाय के लिए घूमते फिरते नजर आते हैं। और आजकल के लेखकों को शराब पीने की आदत होती है। वे समझते हैं कि शराब पीना इंटलेक्चुएल की निशानी है। जो नहीं पीता, वह लेखक ही नहीं है और यदि है तो मिडियाकर है। तो पास में पैसा तो होता नहीं, यहाँ वहाँ पीने का जुगाड़ करते रहते हैं। और जब लेखक-मंडली शराब पी लेती है तब पूरे साहित्य का वारा—न्यारा करने लगती है।

मैंने कहा—नहीं पिताजी, अरविन्द जी बहुत मेधावी हैं, जब चाहेंगे नौकरी पा लेंगे और उनके शालीन व्यक्तित्व को देखते हुए नहीं लगता कि शराबी कबाबी होंगे।

माँ तो जाति-पाँति और बेकारी दोनों आधारों पर इस विवाह के विरोध में थीं।

लेकिन शादी तो मुझे करनी थी न, जीवन-साथी के साथ जीवन मुझे निभाना था न। सबके विरोध के बावजूद अरविन्द जी से कोर्ट मैरिज कर ली और पिता का घर छोड़कर एक किराये के मकान में चली गयी।

कितने अच्छे दिन थे वे। नयी कविता, नयी कहानी का दौर था। कितनी-कितनी पत्रिकाएँ निकलती थीं, कितनी-कितनी गोष्ठियाँ होती थीं, कितने-कितने संवाद होते थे। अरविन्द अपने आप में तो जो थे थे ही, मित्रों के साथ होकर खूब हल्ला-गुल्ला मचाये थे और अपने इन मित्रों सहित नयी कविता का केन्द्रीय पुरुष बनना चाह रहे थे। बन भी गये थे। इन लोगों ने जोगाड़ करके एक त्रैमासिक पत्रिका निकालनी शुरू की। सम्पादक बने विश्वेस जी। फिर क्या था इन लोगों की कविताएँ, इनके विचार, इनके गोष्ठी-समाचार खूब छपने लगे थे। इनके तीनों मित्र विश्वेसु सुधीर और विटप जी मेरे घर पर ही जमे रहते थे और मेरी कविताओं और चित्रों की खूब सराहना करते थे। विश्वेस जी मेरी कविताएँ मेरे चित्रों के साथ छापने लगे थे और मैं खूब जानी जाने लगी थी। अब तो हाल यह हो गया कि लोग यहाँ-वहाँ, कुछ पत्रों के माध्यम से यह भी कहने लगे कि मैं अरविन्द से बेहतर कविताएँ लिखती हूँ। शुरू में तो अरविन्द प्रसन्न होते थे यह जानकर कि लोग मुझे बढ़ावा दे रहे हैं किन्तु धीरे-धीरे जब उन्हें लगने लगा कि मैं सचमुच उनसे अच्छी कविताएँ लिखती हूँ और लोग सचमुच इस बात को मानने लगे थे तो अरविन्द को कष्ट होने लगा। उस कष्ट को व्यक्त तो नहीं करते थे किन्तु उनकी मुद्रा से लगता था कि उन्हें मेरा उनसे बेहतर कवि होना बुरा लग रहा है। एक दिन बोले—"सुधा, मैं सोचता हूँ कि यदि सर्जक एक विधा में रम कर रहे तो ज्यादा अच्छा है। कई विधाओं में आने-जाने से उसके सृजन का घनत्व कम हो जाता है। तुम एक बहुत अच्छी चित्रकार हो यानी कवि से अधिक प्रभावशाली चित्रकार। तब तुम क्यों नहीं केवल चित्र-सृजन में रमती हो। अपनी सारी मेधा समेट कर चित्रा-जगत को दे दो, फिर देखो तुम किस ऊँचाई पर पहुँचती हो।... अरे तुम मेरे दोस्तों को नहीं जानतीं, वे सब मज़ा लेने के लिए तुम्हारी कविताओं की तारीफ करते रहते हैं। वे हैं तो मेरे मित्र किन्तु भीतर-भीतर मेरी ख्याति से स्पर्धा करते रहते हैं और वे स्वयं मेरी बराबरी में नहीं आ पा रहे हैं इसलिए अपनी खीझ मिटाने के लिए और तुम्हें तुम्हारी असली ज़मीन से हटाने के लिए तुम्हारी कविताओं की बड़ाई करते रहते हैं।

मैं धीरे-धीरे अरविन्द को समझने लगी थी। मुझे लग गया कि मुझे उनसे अधिक जो ख्याति मिल रही है, वह उन्हें चुभ रही है। और उनके मित्रों को भी समझने लगी थी। वे सब मेरे यहाँ जुटकर साहित्य में उखाड़-पुखाड़ की बातें करते थे। अरविन्द के मित्र उनके नाते मेरे भी मित्र हो गये थे लेकिन अप्रिय भाषा में उखाड-पुखाड़ की उनकी बातें मुझे पसन्द नहीं आती थीं। मेरे संस्कार इन्हें सह नहीं पाते थे अन्त में उठकर दूसरे कमरे में चली जाया करती थी। बाद में अरविन्द मुझसे

झगड़ते थे कि "तुम मित्रों के बीच से उठकर क्यों चली आती हो? वे क्या सोचते होंगे? सोचते होंगे अरविन्द तो बहुत आधुनिक बनता है और उसकी पत्नी इतनी अनाधुनिक कि साहित्य-चर्चा के बीच से उठकर चली जाती है।" मैं कहती—"तुम लोग जो बकवास करते हो उसे आधुनिक साहित्य-चिन्तन कह रहे हो? तो ठीक है इस लिहाज़ से मैं अनाधुनिक ही भली।"

अरविन्द के दोस्त आते थे तो मेरे यहाँ कभी-कभी शराब का दौर भी चलता था। मैंने शुरू में अरविन्द से मना किया। शादी का जब नया नया दौर था तब मेरे प्रेम-रस में भीगा रहने के कारण मान गये। और भी कई ऐसी अप्रिय बातें थी जिन्हें मना करने पर वे मान जाते थे लेकिन शादी का दिन ज्यों-ज्यों दूर होता गया अरविन्द मेरी इच्छाओं के प्रति ठंडा होते गये। तो अब जब घर में दोस्तों के साथ शराब पीने को मना करती तो मेरी बात की उपेक्षा कर जाते।

अरविन्द अभी तक किसी नौकरी से नहीं लगे थे। फ्रीलांसिंग करते थे। कविता छपने पर भला क्या मिलना था? कुछ ही पत्रिकाएँ तो मानदेय देती हैं बाकी के लिए तो जेब से पैसा जाता है—टाइप और डाक खर्च के रूप में। तो इधर-उधर से पुस्तकें लाकर अनुवाद करते थे। उससे कुछ पैसे मिल जाते थे जिससे उनके निजी खर्च चलते रहते थे बाकी घर तो मेरी तनख़्वाह से ही चलता था।

मैंने सख्त रूप अपना लिया। कहा—"यदि आप या आपके दोस्त हमारे घर में शराब पियेंगे तो मैं अपने लिए कोई दूसरा घर तलाश लूँगी।" तो मेरे घर पर तो शराब पीना बन्द हो गया किन्तु अरविन्द प्रायः बाहर से शराब पीकर आने लगे। टोकने पर कहते "तुम दकियानूस विचारों की महिला हो। तुम नयी सभ्यता की भाषा नहीं समझोगी। खाली आधुनिक कविता लिख देने या नये प्रकार के चित्र बना देने से कोई आधुनिक नहीं होता, उसे अपने व्यवहार में जीना भी होता है। मदिरा-पान आधुनिक सभ्यता का एक अभिन्न अंग है।"

मैं इस आधुनिकता को नहीं समझ पाती लेकिन करती क्या? कलह उत्पन्न करना भी तो ठीक नहीं था। वैसे अरविन्द बहुत प्यारे व्यक्ति हैं। सबसे बहुत प्यार से बातें करते हैं। नये से नये अपरिचित से अपरिचित व्यक्ति से वे बहुत आत्मीयता के साथ बातचीत करते हैं। लोग उन्हें यारबाश कहते हैं। मेरे साथ भी सामान्यतः उनका व्यवहार अच्छा ही रहता है। शराब के नशे में भी अभद्र नहीं होते लेकिन मुझे उनमें नारी-सम्मान की वह उष्मा नहीं दिखाई पड़ती जिसके नाते मैं उनसे जुड़ी थी। वे फ्रीलांसर थे। कभी घर पर बैठकर लिखते पढ़ते थे, कभी अनुवाद करते थे, कभी किसी गोष्ठी में चले जाते थे। यानी कि केवल साहित्यकार बने होते थे और मैं स्कूल की नौकरी से थककर लौटती थी तो केवल गृहिणी बन जाती थी। खाना वाना तो बना कर ही जाती थी, आती थी तो गरम करके इन्हें खिलाती थी। आवश्यक बरतन साफ करती थी। घर में क्या है क्या नहीं है क्या चाहिए, कहाँ से

चाहिए, यह सारी चिन्ता मेरी थी। बेटी भी स्कूल में दाख़िल हो गयी थी। उसकी पढ़ाई-लिखायी फीस-फास की चिन्ता मेरी थी। कभी-कभी अरविन्द का निजी खर्च भी मेरी चिन्ता से जुड़ जाता था।

खाने-पीने के पश्चात् मैं थोड़ा विश्राम करना चाहती थी। अरविन्द घर पर होते तो फरमान देते—"सुधा तुम आ गयी हो तो मैं निश्चिन्त हो गया और कमरे में बन्द होकर तीन चार घण्टे लिखूँगा। जरा एक-एक घंटे बाद चाय देते रहना। मैं सोचती कि क्या हो गया है अरविन्द को। इन्हें मेरी सुविधा-असुविधा की जरा भी परवाह नहीं रह गयी है। एक ओर कहते हैं मैं अनाधुनिक हो गयी हूँ, दूसरी ओर ये स्वयं मुझे शुद्ध अपढ़ गृहिणी बनाने पर तुले हुए हैं। शाम को मित्र लोग जुटते हैं तो मेरा काम होता है उन सबके लिए चाय नाश्ते का प्रबन्ध करना। अरविन्द ने जैसे सबको यह समझा सा दिया है कि सुधा को हम लोगों के बीच बैठना पसन्द नहीं है। अतः मित्र लोग भी अब मुझे चाय नाश्ता परोसने वाली गृहिणी मान बैठे हैं।

चलो मैं भारतीय नारी हूँ। गृहिणी होना भारतीय नारी का संस्कार भी है और विवशता भी। तो मैं गृहिणी मन से सब कुछ सहज ही स्वीकारती हुई चलती रही और चाहती रही कि अरविन्द का लेखन सतत उत्कर्ष पाता रहे और वे यशस्वी बनते चले जायें। छुट्टी के दिन या अन्य दिनों के अवकाश में मैं भी कुछ लिख लेती थी और चित्र बना लेती थी। यह मेरा सौभाग्य था कि जो कुछ लिखती उसकी चर्चा ज़्यादा हो जाती और अरविन्द भी ख़ुश होने का भाव तो दिखाते किन्तु लगता कि उनके भीतर-भीतर कुछ चुभ रहा है।

कहानीकार विश्वेस अब एक समृद्ध पत्रिका 'आकाश' के सम्पादक बन गये। अरविन्द से उन्होंने आग्रह किया कि वे समीक्षा का स्तंभ अपने नाम कर लें। अरविन्द को ख़ुशी हुई। उन्हें लगा होगा कि कुछ नियमित पैसे तो आते ही रहेंगे, लेखकों पर रुआब झाड़ने का अवसर भी मिलेगा।

अब अरविन्द के पास पत्रिका से तो पुस्तकें आने ही लगीं, लेखक-लेखिका स्वयं भी उनकी राय जानने के लिए उनके पास पुस्तकें भेजने लगे। लेखकों में स्त्रियों की संख्या ज़्यादा थी। इनके पास पहले भी लेखिकाओं के पत्र आते थे, अब ज़्यादा आने लगे। अब तो स्वं लेखिकाएँ भी आने लगीं। उनके आने पर अरविन्द की यारबाशी को पंख लग जाते थे। आवाज देते थे—"सुधा, देखो भई यामिनी जी आयी हैं। कुछ चाय-पानी लाओ।" मैं अपना गृहकार्य या रचनाकार्य छोड़कर यामिनी जी या विमला जी, या कान्ता जी यानी किसी-न-किसी जी के लिए चाय की व्यवस्था करती थी। घर आयी अतिथियों का स्वागत करना गृहिणी का कर्तव्य होता है और सुख भी लेकिन एक विशेष प्रयोजन से कुछ लोगों का बार-बार आना अतिथि का आना तो नहीं न कहा जायेगा।

यामिनी जी कथा लेखिका हैं। वे काफी दिनों से लिख रही हैं। गोष्ठियों में

सुनाती भी थीं किन्तु किसी ने उन्हें तवज्जुह नहीं दिया। तो उन्होंने सोचा होगा कि अरविन्द जी से जुड़ने से बात बन जायेगी। तो वे जुड़ने लगीं। अरविन्द भी जुड़ने लगे। अरविन्द ने 'आकाश' में इनकी पुस्तक की समीक्षा की और इन्हें अपने समय की सर्वाधिक विशिष्ट कहानी लेखिका घोषित कर दिया। अपनी समीक्षा में उन्होंने यामिनी जी की कहानियों में व्याप्त नारी-सत्य को रेखांकित किया। अरविन्द ने मुझसे साग्रह कहा कि यह संग्रह पढ़ लो। तब तुम्हें ज्ञात होगा कि लेखिकाएँ नारी मुक्ति की कैसी जद्दोजहद कर रही हैं।

मैं मुस्करायी।

''क्यों मुस्करा क्यों रही हो?''

''इसलिए कि मैंने इस संग्रह की कुछ कहानियाँ पढ़ ली हैं। और समझ गयी हूँ कि तुम्हारी प्रिय लेखिका या लेखिकाएँ नारी मुक्ति को क्या छवि प्रदान कर रही हैं।''

''तुम बहुत परम्परावादी हो सुधा। तुम्हें तो मैंने नयी नारी के रूप में देखा था और इसीलिए तुमसे जुड़ने में मुझे अपार सुख प्राप्त हुआ लेकिन...''

''हाँ लेकिन, यही कहोगे न कि मैं एक पारम्परिक नारी बनकर रह गयी हूँ। लेकिन अफसोस है अरविन्द कि तुम मुझे नहीं समझ सके। अरे तुम्हारी प्रिय लेखिकाएँ नारी-मुक्ति के नाम पर नारी-देह-मुक्ति का फलसफा परोस रही हैं। वह नारी मुक्ति नहीं है। नारियों को पुरुषों के समान अधिकार चाहिए, सम्मान चाहिए, उनकी अस्मिता की पहचान होनी चाहिए, उनकी ऊर्जा, उनकी प्रतिभा को हर क्षेत्र में विकसित होने का अवसर मिलना चाहिए। लम्पट पुरुषों की प्रतिस्पर्धा में नारियाँ अपनी देह पर अपना अधिकार मान कर उसका फूहड़ उपभोग करती रहें, यह उचित कहा जायेगा क्या? तुम्हारी प्रिय लेखिकाएँ चर्चा में छा जाने के लिए नारियों का जो नंगापन उजागर कर रही हैं वह नारियों के विकास के लिए बहुत हानिकारक है कवि जी।''

''तो रहो पारम्परिक दासता के पिंजरे में। मुझे तो अपने ढंग से सोचना-समझना और चलना है।''

''हाँ वह तो तुम कर ही रहे हो। मुझे तो लगता है कि मैं ठीक मार्ग पर हूँ। मैं पुरुषों से नारी के विच्छेद के पक्ष में नहीं हूँ। दोनों के साथ चलने पर ही यह समाज चल पायेगा, सृष्टि बची रहेगी। मैं नारी-पुरुष-विच्छेद को सही नहीं मानती हूँ। चाहती हूँ पुरुष नारी का और नारी पुरुष का सम्मान करे और उनमें एक दूसरे के लिए जीने की लय बनी रहे। हाँ जहाँ पुरुष के साथ जीना असम्भव हो जाय वहाँ तलाक हो जाना चाहिए। असम्मान के साथ घिसट-घिसट कर जीना कोई जीना नहीं है। हाँ सम्बन्ध टूट ही जाना चाहिए और नारी को अपने आर्थिक आधार पर खड़ा होकर सम्मानपूर्वक ज़िन्दगी जीनी चाहिए।''

अरविन्द मेरी बात से बोर हो गये और उठकर चले गये।

समय बीतता गया। अरविन्द निरन्तर यशःप्रार्थी लेखकों से जुड़ते गये। उनके

समीक्षा-स्तम्भ की बड़ी चर्चा होने लगी। इसलिए लेखक और विशेषतः कई लेखिकाएँ अरविन्द के आसपास मँडराने लगीं। वे जहाँ कहीं कार्यरत थीं वहाँ के साहित्यिक आयोजन में अरविन्द को बुलाने लगीं। और यामिनी जी तो उनकी अंतरंग सखा बन गयी थीं। अरविन्द बार-बार ताना मारते—"एक तुम हो जो व्यवहार और लेखन दोनों में परम्परावादी हो। आधुनिकता से तुम्हें इतना भयानक परहेज़ क्यों है। न तुम्हें मेरा सिगरेट पीना अच्छा लगता है न शराब पीना, न नये मिजाज़ के दोस्तों से मेरी यारी पसन्द है, न उनके आधुनिक लेखन की मेरे द्वारा की जाती प्रशंसा।"

पहले तो मैंने उनका प्रतिवाद किया था। किन्तु बाद में सोचा कौन इनके मुँह लगे? इसलिए चुपचाप वहाँ से सरक जाती थी। मेरी रचनाओं की जो प्रशंसाएँ होती थीं वे ही उनका जवाब थीं।

मैं एक पढ़ी-लिखी औरत हूँ, लेखिका हूँ, अध्यापिका हूँ और अरविन्द के भीतर अपने को प्रिय लगने वाला सौन्दर्य देख कर उनसे जुड़ी थी और जीवन-यात्रा निभानी चाही थी लेकिन...

हाँ अब लेकिन की इंतहा हो रही थी। मुझे लग रहा था कि मेरी उपेक्षा तो हो ही रही है, वे नारी-मुक्ति के सन्दर्भ में देह का जाप जपने वाली लेखिकाओं से जुड़ते जा रहे हैं और हाँ उसके आगे और बहुत कुछ सम्भाव्य है।

मैंने मन बना लिया कि अब मुझे अकेले रहने का निर्णय ले लेना चाहिए। फिर भी पशोपेश में काफी समय बीत गया। लगता रहा कि इतना आसान नहीं होता है भारतीय नारी का पुरुष से अलग रह पाने का निर्णय ले पाना।

लेकिन अब इसके आगे रास्ता ही नहीं था। मैं छुट्टियों में पिता के घर गयी थी चार दिन के लिए। माता-पिता किसी काम से बाहर गये हुए थे। घर में नौकर था। मैं वहाँ ठहर कर क्या करती। दो दिन बाद ही लौट आयी। गाड़ी दस बजे रात को स्टेशन पहुँची। मैं अप्रत्याशित रूप से घर पहुँची तो दरवाज़ा खटखटाया। दरवाज़ा खुला तो अरविन्द मुझे देखकर चौंक उठे। "अरे सुधा तुम? तुम तो चार दिन बाद आने वाली थीं?"

मैं कुछ नहीं बोली क्योंकि मेरे सामने कोई बैठी दिखाई पड़ीं—कुछ अस्तव्यस्त हाल में। मैं चुपचाप अपन कमरे में चली गयी। रात भर परेशान रही। सुबह उठी तो अरविन्द से बोली—"सुनो अब मैं तुम्हारे साथ नहीं रह सकती। तुम वास्तव में आधुनिकतावादी चोले में सामन्तवादी हो। पिछड़े दिमाग़ की मैं नहीं, तुम हो। तुम्हें अपनी पत्नी का सम्मान करना नहीं आता। तुम तो उसे आज्ञाकारिणी दासी समझते हो। अब तुम अपना अलग इन्तज़ाम कर लो या मैं कर लेती हूँ।"

"अरे सुधा सुनो तो।"

"नहीं अब मुझे कुछ नहीं सुनना है। बहुत सुन चुकी।"

एक यात्रा यह भी

मैं बहुत यात्रा-भीरु हूँ। यात्रा पर निकलते समय डर बना होता है कि पता नहीं कैसे-कैसे लोगों से पाला पड़ेगा। सबसे बड़ी असहजता तो अनुभव होती है अण्ट-सण्ट किराया माँगने वाले आटो वालों से। नये शहर में कैसे-कैसे लोग मिलेंगे, यह चिन्ता भी बनी होती है।

तो इस बार एक डाक्टर से मिलने के लिए ग्वालियर जाना पड़ गया। पत्नी साथ थीं इसलिए आश्वस्ति बनी हुई थी। स्टेशन पर उतरते ही आटो वाले पीछे पड़ गये। हम चुपचाप आगे बढ़ते रहे। एक नवयुवक आटो वाला साथ लग गया। हम कुछ बोले बिना आगे बढ़ते रहे कि उसकी आवाज़ आयी—"बाबू जी आप आखिर कहीं जायेंगे ही और कोई आटो करेंगे ही तो फिर मेरा आटो क्यों नहीं?" उसकी ज़िद आवाज़ में कुछ ऐसा आकर्षण महसूस हुआ कि मैंने स्वीकृति दे दी।

वह प्रेम-भरी बातें करता रहा और हमें डॉक्टर के यहाँ पहुँचा दिया। उसके द्वारा वांछित पैसे देकर डाक्टर के घर का कॉल बेल बजाया। ज्ञात हुआ कि डाक्टर ने क्लीनिक की जगह बदल दी है।

आटो वाला बिना हमारे कहे हमारा इन्तज़ार कर रहा था। हमें नयी जगह पर पहुँचा दिया। मैंने पूछा—"कितने पैसे दे दूँ?"

"बाबू जी जो इच्छा हो दे दीजिए। वैसे डॉक्टर के घर से यहाँ तक का किराया तो अतिरिक्त हो गया न।"

उसने पूछा "बाबू जी यहाँ से कहाँ जायेंगे?" मैंने होटल का नाम बता दिया और कहा—"भाई तुम जाओ, यहाँ देर लग सकती है।"

वह कुछ बोला नहीं। हम डॉक्टर के पास चले गये। घंटा भर बाद निकले तो देखा वह वहीं खड़ा था। अब हमें महसूस होने लगा था कि यह आटोवाला कुछ और है। वह हमारे भीतर घर करता गया। होटल पर छोड़ कर उसने पूछा—"फिर कब आऊँ?"

"यानी?"

"यानी आप शहर में घूमेंगे-फिरेंगे न? आपको जहाँ जाना होगा ले चलूँगा। वैसे यहाँ कब तक हैं?"

"कल शताब्दी से लौटेंगे।"

"तो आपको घुमाने के लिए कब आ जाऊँ?"

"भई, आज तो थके हैं आराम करेंगे, कल घूमेंगे।"

"ठीक है बाबू जी, यह रहा मेरा मोबाइल नम्बर। मुझे फोन करके बुला लीजिएगा।"

"अरे तुमने अपना नाम तो बताया ही नहीं।"

"मोहन।"

"मोहन। अच्छा नाम है।"

दूसरे दिन घूमने का कार्य शुरू हो गया। वह बहुत प्रेम से एक के बाद एक स्थान दिखाता गया। मुझे बाबू जी और पत्नी को अम्मा नाम से सम्बोधित करता रहा। घूमघाम कर होटल पर लौटे तो चाय पीने के लिए उसे भी कमरे में बुला लिया। वह बहुत संकोच के साथ आया। चाय-पान के साथ हमारी पारिवारिक वार्ता शुरू हो गयी। पत्नी ने पूछा–"बेटे तुम ग्वालियर के हो?"

"नहीं अम्मा! मैं मूलतः आगरा का हूँ। यहाँ आना पड़ गया।"

हमें लगा कि वह यह कहते-कहते कुछ भर आया है। इसलिए चुप रहे। लेकिन वह स्वयं बोलने लगा–"आगरा में अपना घर है। माँ-बाप तो बचपन में ही गुजर गये, बड़े भाई ने मेरी परवरिश की।–भाई वकील हैं। मैं भी बी.ए. पास हूँ। कोई नौकरी खोज रहा था। कि.....

एक चुप्पी सी छा गयी। हमे लगा कि इसके साथ कोई आवांछित घटना घटी है। उसे छेड़ा नहीं किन्तु उसने फिर कहना शुरू किया–"मैं नौकरी की तलाश में इधर-उधर भटक रहा था। एक दिन भटक कर लौट रहा था कि रास्ते में एक परिचित लड़की मिल गयी-बदहवास सी, घिघियाती हुई बोली–"मोहन मुझे बचा लो।"

"क्यों क्या हुआ?"

"मेरे माँ-बाप एक अधेड़ के हाथ मुझे बेच रहे हैं। मैं कुएँ में गिर कर जान दे दूँगी किन्तु उस खूँसट अधेड़ के साथ नहीं जाऊँगी।"

मैं बहुत असमंजस में पड़ गया। क्या करूँ! कर भी क्या सकता हूँ। मुझे लगा कि पुलिस स्टेशन चलना चाहिए। वहाँ उसे ले गया, और थानेदार से हकीकत बयान की। वे कुछ देर सोचते रहे कि क्या किया जा सकता है।"

थानेदार साहब बोले–"इसकी एक एफ.आई.आर. लिख कर इसके माँ-बाप को हवालात में बद कर देता लेकिन फिलहाल चिन्ता इस लड़की की है कि आख़िर इसके लिए क्या किया जाए।"

एक छोटी-सी चुप्पी के बाद वे एकाएक बोले–"तुम्हारी शादी हो गयी है?"

मैंने ना में सिर हिलाया। तो बोले–

"तुम इससे शादी क्यों नहीं कर लेते?"

मैं तो इस आकस्मिक प्रस्ताव से चकरा गया। किन्तु कुछ पल बाद लगा कि इसमें बुराई क्या है। मैंने कहा–"सर इससे तो पूछिए।"

थानेदार ने उससे पूछा ता उसने स्वीकृति सूचक सिर हिला दिया लेकिन...

"लेकिन क्या मोहन?"

"बाबू जी लेकिन यह कि भाभी अपनी बहन से मेरी शादी करना चाहती रहीं। बात तय हो चुकी थी।"

"तो फिर...?"

"बाबू जी, मैंने सोचा-भाभी जी की बहन से तो कोई भी अच्छा आदमी शादी कर लेगा। वहाँ कोई संकट नहीं है लेकिन इस लड़की की तो जिन्दगी खतरे में है। लड़की सुन्दर भी है परिचित भीं और सबसे अहम बात यह कि यह संकट में है। इससे विवाह करना प्रीतिकर भी होगा और मानवीय भी। लेकिन......"

"फिर लेकिन?"

"हाँ अब समस्या यह कि विवाह एकदम तो न हो जायेगा। यदि लड़की घर गयी तो फिर वही बेच दिये जाने का संकट। मैं साथ ले जाऊँ तो भइया–भाभी तो नाराज होंगे ही, इसके माँ-बाप मेरे ऊपर लड़की भगाने का केस कर देंगे। जब मैंने थानेदार के सामने यह समस्या रखी तो वे बोले–"कुछ दिन के लिए इसे नारी-निकेतन में रखवा दे रहा हूँ। लड़की से माँ-बाप के ख़िलाफ शिकायत लिखवा कर रख ले रहा हूँ।"

"पन्द्रह दिन बाद उन्होंने मन्दिर में मेरी शादी करवा दी।"

मैंने कहा–"मोहन ऐसे थानेदार कहाँ होते हैं? मुझे तो इस घटना पर विश्वास ही नहीं हो रहा है। लगता है कथा सुन रहा हूँ।"

"आप सही कह रहे हैं बाबू जी, लेकिन यह थानेदार कवि भी है। कवि सम्मेलनों में कविताएँ पढ़ता है और इसकी कविताएँ मानवीय सम्वेदना से भरी होती हैं।"

"हाँ तब ठीक है। भाई, हर क्षेत्र में कोई न कोई मसीहा दिखाई पड़ ही जाता है। हाँ तब?"

"तब यह कि मेरे भाई भाभी मुझसे खफा हो गये और हमें घर से निकाल दिया। एक तो मैंने उनकी साली से शादी नहीं की, दूसरे जिस लड़की से की, वह किसी और जाति की है।"

"तो तुम लोग ग्वालियर आ गये।"

"हाँ बाबू जी आगरा में हमारा निबाह होना कठिन था। पराये शहर में भले ही कोई अपनापन न हो किन्तु यह परायापन उस अपनेपन से अच्छा है न जो दिन-रात अप्रीतिकर व्यवहार बनकर तन-मन को उद्विग्न करता रहे।

"हाँ सही, कह रहे हो।"

"तो यहाँ कोई नौकरी तो रखी नहीं थी। बस आटो का दामन थाम लिया और

उसी के सहारे चल रहा हूँ।''

''वास्तव में तुम बहुत बड़े हो मोहन। बड़े-बड़े लोग तो नारी-हित में बड़े-बड़े लेक्चर देते हैं, लेख-कविताएँ लिखते रहते हैं किन्तु अपने को व्यवहार में नहीं उतारते। लेकिन तुमने तो बहुत सहज भाव से एक लड़की को दुर्दशा-ग्रस्त होने से बचा लिया और अपने जीवन के साथ उसे सम्मान पूर्वक लगा लिया।''

''बाबू जी इस कार्य से मुझे भी बहुत सन्तोष मिला। मैंने तो एक बार उसका उद्धार किया किन्तु वह तो प्रायः मुझे संकटों से उबारती रहती है।''

मोहन की यह कहानी हम पर छा गयी और वह हमारे मन में कितना बड़ा हो गया।

गाड़ी का समय हो रहा था। मोहन हमें लेकर स्टेशन आ गया। उसे मैं पाँच सौ रुपये का नोट देने लगा। वह बोला–''रहने दीजिए बाबू जी।''

''अरे यह तुम्हारा पारिश्रमिक है। कोई दान थोड़े ही दे रहा हूँ।''

''बाबू जी मैंने माँ-बाप का प्यार नहीं पाया। कल से ही लग रहा है कि मुझे माँ-बाप मिल गये हैं। इस सुख के आगे पैसे का सुख तो कुछ भी नहीं है। पैसा तो और लोगों से कमा ही लेता हूँ।''

''बेटे, लेकिन मेरी भी तो सोचो। मैं बेटे का शोषण कैसे कर सकता हूँ?''

''लेकिन यह तो बहुत है। इतना लूँगा तो आपका शोषण हो जायेगा।'' यह कह कर वह पाँच सौ का नोट लेकर तीन सौ वापस करने लगा। बोला-मुझे इतना पराया न कीजिए बाबू जी। हाँ जब भी ग्वालियर आइएगा मुझे बुला लीजिएगा। मेरा फोन नम्बर तो आपके पास है ही।''

''लेकिन मेरी एक शर्त है।''

''वह क्या बाबू जी।''

''ये पाँच सौ रुपये चुपचाप तुम्हें लेने ही पड़ेंगे।''

उसने तीन सौ रुपये अपनी जेब में रख लिये। जैसे कह रहा हो ''वह कैसी शर्त आपने रख दी बाबू जी।'' कुछ क्षण बाद बोला–''बाबू जी आपका फोन नम्बर तो मेरे फोन पर आ ही गया है। कभी-कभी फोन करता रहूँ क्या?''

''हाँ हाँ भाई मोहन शौक से। मुझे अच्छा लगेगा।''

''लेकिन आपका नाम तो मैंने पूछा ही नहीं।''

''मैं हूँ सत्यकेतु और पत्नी हैं कामना।''

और जब हम स्टेशन के अन्दर जाने लगे तब वह आँखों में न जाने कितना अपनापन लिये हमें निहारता रहा।

कुमुद-कथा

सात-आठ साल पहले की बात होगी। एक दुःख-स्तब्ध औरत विनोद जी के यहाँ आयी। विनोद जी ने पूछा—"कहिए।"

"जी मैं शंकर जी की पत्नी हूँ—कुमुद।"

"बैठिए, बैठिए।"

वे चुपचाप बैठ गयीं। विनोद जी कुछ क्षण उन्हें स्तब्ध भाव से देखते रहे। फिर बोले—"मुझे मित्रों से दुखद समाचार मिल गया है कि शंकर जी नहीं रहे। बहुत बुरा हुआ। ईश्वर भी क्या-क्या निष्करुण खेल खेलता रहता है।"

कुमुद जी के आँसू झरने लगे। फिर सुबकते हुए बोली—"सालों से कई-कई रोगों से लड़ रहे थे। अन्त में हार कर चले गये।"

एक सन्नाटा पसरा रहा।...फिर वे बोली, मैं हूँ दो लडकियाँ हैं, अपना मकान भी नहीं है और शंकर जी जो कुछ अर्जित करते रहे सब उनकी दवा में लगता रहा। बल्कि बाहर से कर्ज भी लेना पड़ता था। कुछ बचा नहीं है।"

"शंकर जी तो कम्प्यूटर पर टाइप करते थे उसमें आपकी गति होती तो कुछ सहारा बन जाता।"

"मुझे आता है। अब तो उसी का सहारा है अगर शंकर जी को जानने वाले लेखकों, प्रकाशकों के यहाँ से काम मिलता रहे।"

"लेखक तो मैं भी हूँ। शंकर जी कभी-कभी मेरे यहाँ आ जाते थे। वे बहुत संकोची थे। एक बार इतना ही कहा—"मेरे लायक कोई काम निकल सके तो देख लीजिएगा।" लेकिन मेरा अपना टाइपिस्ट था अतः शंकर जी को कोई काम नहीं दे सका।

"शंकर जी डायरी में लिख गये थे कि मेरे जाने के बाद डॉ. विनोद से जरूर मिलना।" कुमुद का स्वर था।

यह सुनकर शंकर के प्रति विनोद कृतज्ञ हो आये। सोचने लगे—"वह शालीन व्यक्ति मेरे यहाँ आकर चुपचाप बैठा रहता था। मैंने उसके लिए कुछ नहीं किया और उसके मन में मेरे प्रति इतना गहरा विश्वास।"

वे बोले—"देखो कुमुद जी। मेरी रचनाएँ बहुत दिनों से एक टाइपिस्ट टाइप

करता है अतः शंकर जी को तो मैं कुछ नहीं दे सका किन्तु आज से मेरी रचनाओं का टंकण आप ही करेंगी। और हाँ अन्य जगहों से भी काम दिलाने की कोशश करूँगा।''

कुमुद की आँखों में विश्वास की एक चमक सी दीप्त हो उठी। बोली—''धन्यवाद, अंकल जी, बहुत-बहुत ही धन्यवाद।''

उनके मुख से एकाएक निकला अंकल शब्द विनोद जी को बहुत अच्छा लगा। उसमें रिश्ते की एक सुगन्ध सी खिल उठी।

उस समय टंकण के लिए जो सामग्री उन्होंने रखी थी उसे कुमुद को थमा दिया और बोले—''देख लीजिए मेरी लिखावट बहुत ख़राब है, आप पढ़ पायेंगी?''

''कुमुद ने उसे देखा। उलटा-पलटा। बोली''—''कोशिश करूँगी और धीरे-धीरे एक दिन अच्छी तरह से पढ़ने लगूँगी।''

''ठीक है, इसे ले जाइए। कोई बात नहीं, एक बार में न सही दो बार में, दो बार में न सही तीन बार में अन्तिम रूप निखर ही आयेगा।''

कुमुद चली गयी—विनोद जी के लिए एक चिन्ता छोड़ कर। वे सोचने लगे—''दो बेटियों के साथ इस निराधार महिला की जीवन-यात्रा का कितना कष्टमय रूप होगा। अपना मकान नहीं, कोई नौकरी नहीं, कोई बैंक बैलेंस नहीं, गाँव घर से कोई सहारा नहीं। इस निर्मम नगर के अजनबीपन के बीच यह कैसे चल पायेगी? पता नहीं कम्प्यूटर का भी उसका ज्ञान कितना है और वह कहाँ-कहाँ से पर्याप्त सामग्री एकत्र कर पायेगी।

कुमुद का विनोद जी के यहाँ आना-जाना होने लगा। पहले तो थोड़ा परायेपन का संकोच था, बाद में धीरे-धीरे वह विनोद जी की पारिवारिक उष्मा में समाती गयी। विनोद जी की पत्नी शारदा और बच्चों का भी अपनापन उसे मिलने लगा। धीरे-धीरे कुमुद की दिनचर्या की पंखाड़ियाँ इस परिवार में खुलने लगीं। कुमुद को लग गया कि यही वह परिवार है जहाँ वह अपनी व्यथा-कथा कह कर हलकी हो सकती है। अतः वह जब भी आती, काफी देर तक अपने दुख और संघर्ष की कथा कहती रहती। विनोद जीउसे शाब्दिक सहारा तो देते ही अपनी रचनाओं और पुस्तकों के टंकण का काम निकाल निकालकर देते रहते। कई प्रकाशकों को तो उन्होंने इसी शर्त पर अपनी नयी पुस्तक दी कि उसका टंकण कुमुद करेगी। कई बार तो उन्होंने अपनी छपी रचनाओं को एकत्र कर एक नयी पुस्तक तैयार की ताकि उसके टंकण का कार्य कुमुद को मिल सके।

विनोद जी ने एक दिन कुमुद से पूछा, ''शंकर जी जब जीवित थे तो हमारे आसपास के लेखक, उन्हें टंकण के लिए सामग्री देते रहे होंगे। अब तो तुम्हें सहायता करने के लिए और भी देते होंगे।''

कुमुद गम्भीर हो गयी। बोली—''आप उनके बारे में न पूछें तो ही अच्छा।''

"क्यों क्या हो गया?"

"अरे वे लोग सहायता तो क्या करेंगे, मेरे रेट में ही कटौती करने लगे। एक लेखक तो पृष्ठ में शब्द गिन-गिनकर हिसाब लगाने लगे। इस तरह उन्होंने यह साबित कर दिया कि अभी उनके कुछ पैसे मेरे ही पास निकलते हैं। मैं तो चकित रह गयी और यह कह कर चली आयी कि इस समय मेरे पास पैसे नहीं हैं, भेज दूँगी। तो छोड़ दिया उनका काम। ऐसे ही एक दूसरे लेखक निकले जिन्हें मेरा रेट ज्यादा लगने लगा और मुझको लालची और क्या-क्या कहने लगे। उनका भी काम छोड़ दिया।"

एक दिन आयी तो विनोद जी से कहने लगी—"दुनिया में अच्छे भी हैं बुरे भी हैं। अब देखिए न, मैं कई प्रकाशकों की पुस्तकें टाइप करती हूँ। उनमें से कुछ तो बहुत अच्छे हैं जो काम होते ही पैसे दे देते हैं और कुछ हैं जो टाइप करवा कर पुस्तक छापते ही नहीं हैं। वर्षों लटकाकर रखते हैं। अब बताइए मैंने तो अपना काम कर दिया, तुम छापो या न छापो, मेरे पैसे दो। लेकिन नहीं सुनते हैं। दरियागंज तक दौड़ते-दौड़ते हैरान हो जाती हूँ और कंगाली में पैसे अलग से खर्च करने पड़ते हैं।"

विनोद जी यह सब सुनते रहते थे और कुमुद को आश्वस्त करते रहते थे।

कुमुद कुछ उन भले लोगों का भी दिल खोलकर प्रशंसा करती थी जिनकी उदारता की हँसी उसे प्राप्त होती थी। विनोद जी सोचते थे—अकेली औरत बेचारी काम ढूँढने के लिए कहाँ-कहाँ मारी-मारी फिरती है। और बाहर के मोर्चे के साथ गृहस्थी के मोर्चे पर भी खटना पड़ता है। दो-दो बेटियों की पढ़ाई-लिखाई, रहन-सहन-देखभाल का खर्च तो उठाना ही पड़ता है, उनकी सलामती की चिन्ता भी बनी होती है। स्वयं तो दिन भर इधर-उधर काम खोजती है और इस बेहूदे समय में लड़कियों की सुरक्षा की चिन्ता बनी होती है।

विनोद जी ने पूछा—"तुम्हारे मायके या ससुराल में ऐसा कोई व्यक्ति नहीं है जिसे तुम बुलाकर रख सको।"

वह रुआँसी हो गयी। बोली—"अंकल जी, अपनों को भी देख लिया। अपनी सगी माँ और सगी बहन को देख लिया। सगी बहन दिल्ली में ही है। माँ को बुलाया था। साथ रही लेकिन जितने दिन रही मुझे चैन से जीने नहीं दिया। बहन कभी आकर, कभी फोन से माँ को बहकाती रही।"

माँ संशय से भर कर पूछती रही—"दिनभर कहाँ आवारागर्दी करती हो। मरद के जाने के बाद तुम्हें दिन भर घूमने का मौका मिल गया।" अंकल जी—माँ होकर भी यह नहीं जानना चाहती रही कि घर कैसे चल रहा है और मेरे घूमते रहने का असली अभिप्राय क्या है? तो मैं सुनते-सुनते तंग आ गयी। एक दिन बहन भी आयी थी तो दोनों ने मिलकर यही राग अलापना शुरू किया। मुझे गुस्सा आ गया—माँ से बोली—"आप मेरे साथ नहीं रह सकतीं। आप कल ही गाँव चले जाइए। और बहन से भी कहा—खबरदार जो मेरे घर कभी आयी या मेरे बारे में कोई चर्चा की।

ऐसे सम्बन्धों से क्या फायदा जो सहायता करने के स्थान पर दिनरात सिर पर गन्दगी उछालते हों।"

कुमुद के साथ बीते इतने दिनों में विनोद जी को क्रमशः ज्ञात होता गया कि यह औरत विवेकशील और बहादुर है। सुन्दर जवान विधवाओं के जीवन-पथ में अनेक सामाजिक और नैतिक बाधाएँ आती हैं। ज़लालत से भरे हुए अनेक लोग अपनी वासना लिये हुए उनसे टकराते हैं, उन्हें लहूलुहान करते हैं। कुमुद इसका अपवाद नहीं है लेकिन इस मायने में अपवाद है कि इसने ऐसे गन्दे लोगों को कभी नहीं बख़्शा। उन्हें उनकी औकात दिखा दी। वह एक घटना सुना रही थी। "अंकल जी, किसी आत्मीय ने किसी के पास मुझे काम लेने के लिए भेजा। मैं गयी तो देखा साठ साल का एक फूहड़-सा आदमी बैठा हुआ है। मुझे देखते ही उस आदमी की जलालत उभर आयी। उसने कहा, "देखो कामधाम के लिए कहाँ-कहाँ मारी-मारी फिरती हो, आओ, हम एक हो जायें। तुम विधवा हो मैं रँडुवा हूँ। हम दोनों एक दूसरे का सहारा बन जायेंगे।"

अरे मेरे तो तन-मन में आग लग गयी। बोली—"अबे हरामी, मैं तुम्हारे पास काम के लिए आयी हूँ शादी रचाने नहीं। मैं अपने घर में अपने बच्चों के साथ बहुत सुखी हूँ। थूड़ी है तेरे ऊपर, नहीं चाहिए कोई काम तुम जैसे गन्दे आदमी से।" चली आयी और उससे भी खूब लड़ी जिसने मुझे वहाँ भेजा था।" कुमुद ने एक दूसरी घटना सुनाई। "कई जगहों से मुझे नौकरी के लिए बुलवा आया किन्तु मैं नहीं गयी। जितनी तनखाह मिल रही थी उससे ज्यादा मैं घर में बैठी अर्जित कर लेती थी। और दो-दो बेटियों की देखभाल भी तो करनी होती थी। एक बार एक प्रकाशक ने बहुत जिद की कि आप मेरी दुकान पर रहकर मेरा काम देख लिया करें। कहाँ यहाँ-वहाँ भटकती फिरती हैं।" मेरा भी मन हुआ जरा देखा तो जाय क्या अनुभव होता है। मैं अन्दर बैठी थी, बाहर कोई दूसरा प्रकाशक उसकी दुकान पर आ गया। उसने पूछा—"क्या बात है यार, बहुत प्रसन्न दिखाई दे रहा है।"

"हाँ, यार, आज एक टाइपिस्ट को अपने यहाँ रखा है। जवान है, खूबसूरत है। काम तो करेगी ही, मेरा दिल भी बहलेगा।" मैंने भीतर से सुन लिया। फनफना कर निकली और कुछ किताबें उसके मुँह पर मारती हुई बोली—"ले हरामी बहला अपना दिल। मैं नहीं जानती थी कि तू प्रकाशक नहीं, सूअर है।"

विनोद जी सुनते रहे। बोले—"क्या करोगी कुमुद। यह दुनिया है तरह-तरह के लोगों से बनी हुई। हाँ, तुम्हारे जैसी बहादुर और विवेकशील औरतें अपना रास्ता बना ही लेती हैं।"

"हाँ, अंकल जी, लेकिन कभी-कभी जी बहुत उदास हो जाता है। दौड़-धूप में बार-बार बीमार पड़ जाती हूँ। कभी यह बीमारी, कभी वह बीमारी और बीमारी में भी रोटी के लिए भागदौड़। कभी-कभ तो बिस्तर से उठा नहीं जाता लेकिन परिवार की

गाड़ी खींचने के लिए तो हर हाल में सक्रिय रहना ही पड़ता है। अब सवाल रोटी का ही तो नहीं है। बेटियों की शिक्षा का भी है। मकान का किराया ही चार हजार है। तिस पर मकान-मालिक की धौंस सहते रहो। मकान-मालिक तो फिर भी मेरे ऊपर सदय है, मकान-मालकिन बिना वजह टकराती रहती है। अनाप-शनाप बोलती रहती है। अब इन दिनों कह रही है कि किराया बढ़ाओ नहीं तो मकान खाली करो।''

कई मकान तो बदल चुकी। सोचती हूँ यह मकान-मालिक शायद अच्छा निकले किन्तु अंकल जी सबके चेहरे एक से लगते हैं किसी को यह अहसास नहीं होता कि यह औरत बेसहारा है और किसी तरह परिवार की गाड़ी खींच रही है। क्या ऐसे ही जिन्दगी बीतेगी। अपने घर का सपना तो देखती हूँ लेकिन सपना देखने से क्या होता है? पैसे कहाँ से आयेंगे? अंकल जी, अपने घर का सपना देखते-देखते अपने पहाड़ के गाँव पहुँच जाती हूँ। अपना बड़ा-सा मकान मुझे अपने में भर लेता है। खुला-खुला आँगन, बाहर लम्बा-चौड़ा अहाता, अहाते में खड़े तरह-तरह के पेड़, पेड़ों पर चहचहाते पंछी। घर से निकल कर खेतों की ओर चली जाती हूँ। बाहर बाग-बगीचे, छोटे-छोटे नाले, टेढ़ी-मेढ़ी पगडंडियाँ, कुछ दूरी पर सिर उठाये पहाड़ियाँ... इसी माहौल में शंकर के साथ होने की यादें। शंकर के साथ इन पहाड़ियों में हँसती-खिलखिलाती कहाँ-कहाँ घूमी हूँ। अब जब शंकर की याद आती है तब वे सारी पहाड़ियाँ रोती-सी प्रतीत होती हैं।''

विनोद जी कुमुद को भावुक होते देखते रहे। वे खुद भी तो भावुक हैं। गाँव से बाहर रहते ज़माना हो गया किन्तु हमेशा गाँव पुकारता-सा लगता है। दिल्ली में उनका अपना घर है, नौकरी रही है, भरापूरा पूरवार है तो भी गाँव पुकारता है। सोचने लगे—कुमुद का तो यहाँ कुछ भी अपना नहीं है। जो सहारा था वह छिन गया। लेकिन उन्होंने कुमुद से कहा—''गाँव की याद आना स्वाभाविक है कुमुद। लेकिन जो लोग दिल्ली में आ जाते हैं उन्हें दिल्ली में ही अपनी दुनिया देखनी पड़ती है। यह कठोर है लेकिन बहुतों को रोज़ी-रोटी का सहारा देती है। कहाँ-कहाँ के लोग अपनी जन्मभूमि से बेसहारा होकर दिल्ली में सहारा खोजने आते हैं।''

''हाँ अंकल जी, यही सच है। हो सकता है यहाँ घर पाने का मेरा सपना कभी सच हो जाय।''

''तुम्हारा संघर्ष और विश्वास तुम्हें निरन्तर कुछ दे रहा है, कभी मकान भी दे सकता है।''

''आपका आशीर्वाद रहेगा तो यह भी हो जायेगा अंकल जी।''

और एक दिन कुमुद मिठाई का डिब्बा लेकर विनोद के पास पहुँची। उसके चेहरे से दीप्ति बरस रही थी।

''क्या बात है कुमुद, यह मिठाई का डिब्बा और तुम्हारे चेहरे से बरसती ख़ुशी।''

''अंकल जी, मैंने मकान ले लिया।''

"अरे वाह, यह चमत्कार कैसे हुआ?"

"हाँ अंकल जी, मेरे साथ चमत्कार ही होता है, मुझे आप मिले यह भी चमत्कार था और यह मकान मिल गया, यह भी चमत्कार ही है।"

विनोद जी मुस्कराते हुए चुप रहे जैसे जानना चाहते हों कि चमत्कार कैसे हुआ।

"अंकल जी, मैं तो सत्संग में जाती हूँ न। वहाँ अच्छे लोग मिल जाते हैं। तो वहाँ के एक परिचित व्यक्ति ने मुझसे पूछा—"मकान चाहिए? ज्ञानकुंज में मेरा दो कमरे का फ्लैट है चौथी मंजिल पर। मैं छोड़कर कहीं और जा रहा हूँ। लेना हो तो बोलिए।"

"कितने देने पड़ेंगे?"

"बहुत नहीं, आपके लिए आठ लाख।"

"मैंने हामी भर दी और बैंक से लोन लेकर पैसे चुका दिये।"

"चलो एक बहुत अच्छा काम हो गया। अब कह सकोगी न कि तुम्हारा अपना घर है। मगर किस्तें।"

"हाँ, अंकल जी, किस्तें तो भरनी पड़ेंगी लेकिन मकान का जो किराया देती थी उससे तो मुक्ति मिली। उसी किराये में थोड़ा-थोड़ा और जोड़-जोड़ कर किस्तें देती रहूँगी। दोनों बेटियाँ अब कमाने भी लगी हैं। इससे मुझे कुछ सहूलियत मिली है। मगर..."

"मगर क्या?"

"मगर यह अंकल जी कि उनकी शादी भी तो करनी है। अपने पास तो कोई पूँजी नहीं है। चाहती हूँ कि उनकी शादी के लिए उनकी तनखाहें इकट्ठी करती जाऊँ।"

"हाँ यह भी ज़रूरी है। लेकिन बेटे निराश न हो, सब हो जायेगा। होता भी जा रहा है। है न।"

"हाँ अंकल जी, रह-रह कर भगवान की कृपा हो जा रही है।"

दो महीने तक कुमुद विनोद जी के पास नहीं आयी। उनकी कोई रचना भी तो उसके पास नहीं थी। एक दिन उसका फोन आया। "अंकल जी आ जाऊँ?" उसके स्वर से प्रसन्नता फूट रही थी।

"आ जाओ बेटे, कुछ काम भी रखा हुआ है।"

वह हँसती हुई आई और बोली "आपके आशीर्वाद और ईश्वर की कृपा से काम बन गया।"

"बहुत अच्छी बात है। मगर बात तो बताओ।"

"अंकल जी, गाँव पर मेरी थोड़ी सी जमीन थी। वह बन रही सरकारी सड़क के बीच आ रही थी। भतीजे ने मुझे गाँव बुलाया और मुझे उस जमीन का मुआवजा मिल गया। ठीक आठ लाख। लगता है जैसे ईश्वर ने गिनकर मेरे मकान की किस्त चुकवा दी।

"अरे वाह, यह तो चमत्कार है। बहुत अच्छा लग रहा है कुमुद। तुम्हारे ऊपर से एक बहुत बड़ा बोझ उतर गया।"

"यह सब आपका आशीर्वाद है अंकल जी।"

"नहीं, नहीं, यह सब तुम्हारा पुण्य कर्म और क्रियाशीलता है।"

कुमुद का आना-जाना लगा ही रहता है, लगा रहा। कभी-कभी वह बीमारी लादे हुए आती थी और मेरी रचनाएँ ले जाती थी। अपनी व्यथा-कथा कह कर कुछ हलकी हो जाती थी।

कुछ दिनों बाद फिर एक चमत्कार हुआ। उसने विनोद जी को बताया—"अंकल जी, मेरी दोनों बेटियों की शादी तय हो गयी।"

"अरे तुमने घर बैठे-बैठ लड़कियों के लिए लड़के पा लिये हैं।"

"हाँ, अंकल जी। मैंने कोई दोड़-धूप नहीं की। लड़कियाँ जहाँ काम करती हैं वहीं के लड़कों से रिश्ता जुड़ गया और मेरा सौभाग्य देखिए अंकल जी कि लड़कों घर वाले खुशी-खुशी राजी हो गये। और वे बहुत सम्पन्न हैं अंकल जी।"

"वाह प्रभु, तुम असहायों पर इसी प्रकार कृपा करते रहो तो यह संसार कितना सुन्दर हो जाय। बहुत सुख मिल रहा है कुमुद। और सबने अधिक सुख इस बात से मिल रहा है कि तरह-तरह की ज़लालत से भरे लोगों के बीच ऐसे लोग भी हैं जो मनुष्यता की प्रसन्न आभा बिखेरते रहते हैं।"

"हाँ, अंकल जी, दोनों लड़के और उनके परिवार के लोग बहुत अच्छे हैं। कह रहे हैं शादी की सभी व्यवस्था वे खुद करेंगे, मुझे चिन्तित होने की आवश्यकता नहीं है।"

"वह क्या बात है।"

"फिर भी अंकल जी, आखिर मेरी बेटियाँ हैं। मुझे भी तो उनके कपड़े-लत्ते, जेबर और कुछ अन्य सन्दर्भों से जुड़े खर्चों का इंतजाम करना ही पड़ेगा। सोचती हूँ यह सब कैसे होगा?"

"जैसे और सब होता आया है यह भी हो जायेगा कुमुद।"

"हाँ अंकल जी हो ही जायेगा। कुछ लोग हैं जो साथ खड़े दिखाई पड़ रहे हैं।"

छः महीने पहले एक लड़की की शादी हो गयी थी। आज दूसरी की शादी थी। विनोद जी दोनों में गये थे और देखा था कि वाकई लड़के वाले लोग बहुत सज्जन और उदार हैं। कुमुद का सारा भार अपने ऊपर उठा लिए लगते थे। कुमुद से सम्बन्धित प्रकाशक लेखक तथा अन्य लोग उपस्थित थे। एक प्रकाशक ने कहा—"कुमुद जी, वाकई आप आप हैं। शून्य में आपने जिन्दगी का जो भराव पैदा किया वह अद्भुत है। मैं आपको सलाम करता हूँ।" उसके साथ कई प्रकाशक बोल उठे—"वाकई आप हमारे सलाम की हकदार हैं।"

विनोद जी का लेखक तो हमेशा से कुमुद की जिजीविषा और संघर्ष का प्रशंसक रहा है। आज बहुत प्रसन्नता का अनुभव कर रहा था कि यह बहादुर औरत एक

बहुत बड़ी जिम्मेदारी से मुक्त हो रही है।

सुबह-सुबह बेटी को विदा करके कुमुद घर आ गयी। लगा कि एक बहुत बड़ा काम हो गया। बेटी ससुराल में सुखी रहेगी, यह प्रसन्न बोध उसके मन में जाड़े की धूप-सा फैल रहा था।

थकी थी, अपने को खाट पर डाल दिया। सामने के दीवान पर उसकी निगाह टिक गयी, जिस पर बेटी सोती थी। दीवार पर उसकी फोटो टँगी हुई थी। इस कमरे में दोनों बेटियों की चहचहाहट गूँजती रहती थी। एक गयी तो लगा कोई बात नहीं अभी एक का प्रसन्न साहचर्य तो है न, 0ह भी चली गयी। अब तो इस घर में उसका अकेलापन बचा है जो स्वयं से लड़ेगा, झगड़ेगा, स्वयं ही हँसेगा, स्वयं ही उदास होगा। एकाएक उसकी निगाह अपने कम्प्यूटर पर गयी। लगा जैसे कह रहा हो—उदास मत हो, मैं हूँ न।''

शारदा कुंज

हाँ यह मकान चार मंजिला फ्लोर में परिवर्तित होकर तैयार हो गया है। पहले यह एक मकान था जिसमें एक बड़ा आँगन था। आँगन में कुछ पेड़ थे, छोड़ी गयी मिट्टी की एक चौड़ी पट्टी पर सब्जियाँ भी उगायी जाती थीं। पेड़ों पर पंछियों की फड़फड़ाहट और चहचहाहट मची होती थी। मकान बहुत सलीके का नहीं था लेकिन घर था। उसमें एक कमरे में साहित्यक पुस्तकों की दुनिया थी जो चुपचाप न जाने कितने लोगों के दुख-दर्द और सोच-विचार की कथाएँ कहती थी। एक कमरे में स्कूली बच्चों की स्कूली पुस्तकें और कापियाँ नयी हँसी हँस रही होती थीं। एक कमरे में गृहिणी का घरत्व जागता रहता था। छोटे से स्टोर में दाल, चावल, गेहूँ की बोरियाँ भी होती थीं जो गाँव से आयी होती थीं। और रसोई घर का अपना राग तो गूँजता ही रहता था। हाँ यही घर था स्वर्गीय प्रवेश पाण्डेय का।

इस घर में हमारा आना-जाना लगा होता था। इसमें पता नहीं हमारे कितने विविध आयामी संवाद गूँज रहे थे। हाँ यह मकान अकेला नहीं था। इसी तरह के कई मकानों के अस्तित्व से यह शारदा कुंज कालोनी अपना नाम सार्थक कर रही थी। हाँ तब यह कुंज सघन बसा नहीं था। थोड़े-थोड़े फासले पर कई वैसे ही घर बने हुए थे जैसे प्रवेश पाण्डेय का था। घरों के बीच खाली पड़े मैदानों में घास उगी होती थी, झाड़-झंखाड़ भी खड़े होते थे।

प्रवेश पाण्डेय जौनपुर जिले के एक गाँव से आये थे और यहाँ एक कालेज में लेक्चरर हो गये थे। मैं भी एक कालेज में लेक्चरर था। उनसे मेरा पूर्व परिचय नहीं था किन्तु वे बहुत स्नेह पूर्वक मेरे यहाँ आने-जाने लगे थे और बड़े भाई का सम्मान देने लगे थे। एक दिन मेरे यहाँ आये तो बोले "भाई साहब, किराये के मकान में कब तक रहा जायेगा?"

यानी के भाव से मैंने उनकी ओर देखा।

"यानी यह कि काफी दिन हो गये हम लोगों को किरायेदार की अपमान भरी ज़िन्दगी जीते हुए। अब तो अपना मकान होना चाहिए।"

"हाँ होना तो चाहिए मगर कैसे? क्या मकान यों ही उग आयेगा। तनख़्वाह के पैसे से घर तो चलता नहीं, मकान कहाँ से खड़ा होगा?"

"वही व्यवस्था करके मैं आया हूँ।"

"चलिए अच्छी बात है यदि आप बिना पैसे के मकान की व्यवस्था कर रहे हों तो।"

"नहीं तो भी कुछ न कुछ खर्च तो करना ही पड़ेगा।"

"यानी"

"यानी बहुत सस्ते में ज़मीन मिल रही है। उसकी रजिस्ट्री करानी होगी।"

"कहाँ है वह ज़मीन?"

"देखिए पाश कालोनी में तो हम लोग मकान बनाने में रहे। सामान्य मान्य कालोनियों में भी दाम इतने ऊँचे है कि हम वहाँ ज़मीन खरीद नहीं पायेंगे।"

"तो?"

"नजफगढ़ और तिलक नगर के बीच एक गाँव के कुछ खेत हैं। उनमें प्लाट कट रहे हैं। मैंने बातचीत कर यह तय किया है कि एक कालोनी हम लोग भी बसा लेंगे। यानी वह कालेज के प्राध्यापकों की कालोनी होगी। मैंने नाम भी सोच लिया है 'शारदा कुंज।"

"भाई, लेकिन रिस्क भी तो है। अमान्य कालोनी पर कल सरकार कब्ज़ा कर ले और न भी करे तो उसे सुविधा-हीनता की स्थिति में अनन्त काल तक छोड़ दे तो क्या होगा?"

"देखिए भाई, यहाँ अमान्य कालोनियाँ लगातार बस रही हैं और सुरक्षित हैं। और थोड़ा बहुत रिस्क तो उठाना ही पड़ता है। देखा जायेगा।"

मैंने कोई उत्साह नहीं दिखाया किन्तु प्रवेश मेरी पत्नी से मिलते रहे और उन्हें ज़मीन लेने के लिए राजी करते रहे। अन्त में मैंने भी एक प्लाट ले ही लिया। प्रवेश जी प्लाट कटवा कर कालेज और विश्वविद्यालय के प्राध्यापकों के पास लगातार दौड़ते रहे और उन्हें प्लाट खरीदने के लिए तैयार करते रहे। उनके कालेज के आठ-दस लोगों ने एक ही पंक्ति के प्लाट खरीद लिये। बाकी पंक्तियों के भी कुछ प्लाट प्राध्यापकों ने खरीदे। प्राध्यापकों के अतिरिक्त कुछ सरकारी कर्मचारियों ने भी प्लाट खरीदे। मुख्य सड़क के किनारे पहले से ही बस्ती बसी हुई थी। गाँव भी था और उसका कुछ शहरी विस्तार भी। लेकिन शारदा कुंज उस बस्ती से थोड़ी दूर पर था। यानी बस्ती और शारदाकुंज के बीच एक सन्नाटा था किन्तु यह सन्नाटा भी तब भयावना नहीं था। असुरक्षा की आँखें तब घूरती नहीं थीं।

धीरे-धीरे शारदा कुंज में कुछ मकान बनने लगे। प्रवेश जी और उनके कॉलेज के कई लोगों ने तमाम असुविधाओं के बीच मकान खड़े कर लिये और भावी सुविधाओं के सपने सँजोये चलते रहे। कुछ समय बाद मैं भी आ गया लेकिन मेरा प्लाट इन लोगों की कतार में नहीं था। मेरा भी मकान बन गया। मकान तो क्या मकान का ढाँचा था। लेकिन किराये के मकान में रहते चले आने की कष्टप्रद स्थिति

से मुक्ति तो मिली। गाँव-घर छूटने के इतने दिनों बाद अपने घर में रहने की सुखद अनुभूति से मन पुलकित हो गया। हम सबके प्लाट बड़े-बड़े थे और हम सबने तय किया था कि हमारा मकान बस हमारे लिए रहेगा, किरायेदार के लिए नहीं। हम सभी गाँव से आये थे और सबके मन में प्रकृति के गहन साहचर्य की प्रतीति स्पंदित थी, इसलिए प्रत्येक के प्लाट के आधे भाग में मकान था शेष में आँगन, गैलरी थी जिसमें तरह-तरह के पेड़ों और फूलों की दुनिया थी। घर के भीतर प्रकृति का साहचर्य था और बाहर जो प्लाट खाली पड़े थे उनमें भी प्रकृति का आदिम रूप छाया हुआ था। प्रवेश जी ने, कोलोनाइजर से ज़िद करके एक छोटे से पार्क के लिए भी जगह निकाल ली थी जो प्रवेश जी के घर के पास ही था और जिसमें पेड़-पौधे झूमते लहराते रहते थे, चिड़ियाँ उड़ती गाती रहती थीं। शारदाकुंज के आसपास मीलों की दूरी में खेत फैले हुए थे। यानी अभी और कालोनियाँ नहीं उगी थीं। सो हम लोग सुबह टहलते हुए खेतों की ओर निकल जाते थे। जब मेरा घर बना तब बिजली आ गयी थी। इसलिए वह दुख नहीं झेला जो वर्षों से प्रवेश जी और उनके साथी झेल रहे थे। कुछ कच्ची सड़कों पर खड़ंजे भी बिछ गये थे लेकिन तो भी अभी बहुत सी समस्याएँ थीं जिन्हें हम झेल रहे थे। जो भी हो हमारे मूल संस्कार गाँव के हैं, इसलिए इन समस्याओं के बावजूद हम गँवई परिवेश में खूब प्रसन्न थे। लगता था हम अपने गाँव में ही रह रहे हैं जहाँ बाग-बगीचों, खेतों, ऋतुओं, मौसमों, तर-त्योहारों का राग गूँजता रहता है।

हाँ अभी भी शारदाकुंज में जाड़े की धूप का प्रसन्न विस्तार होता था, अभी भी चाँदनी डहडहाती थी, अभी भी पावस मस्ती से भीग-भीग कर गाता था, अभी भी क्वार कार्तिक में शरद की अपनी गंध व्याप्त रहती थी और अभी भी बसन्त में पार्क के प्रफुल्लित पेड़ों पर बैठ कर कोकिल कूक उठता था। हाँ याद है, होली दिवाली के दिन सभी लोग एकत्र होते थे, गाते-बजाते थे एक दूसरे के घर आते-जाते थे। याद है इस पार्क में कई बार सांस्कृतिक मेलों का आयोजन हुआ था जिनमें रंग-बिरंगे परिधानों से सजे बच्चों के गतिमान फूल खिलखिलाते थे।

प्रवेश जी खाली प्लाट वालों के यहाँ जा जाकर आग्रह करते थे, कि वे मकान बनवा लें। इस कार्य में न जाने उनका कितना पैसा और श्रम खर्च हुआ था। वास्तव में उनका गाँव उनमें गरहरे धँसा हुआ था। इसलिए यहाँ तो वे एक गँवई संस्कृति की बस्ती बसाना ही चाहते थे, गाँव की खेती-बारी से भी गहरे जुड़े हुए थे। वे प्रायः छुट्टियों में, या छुट्टियाँ से लेकर गाँव जाया करते थे और धान की या अन्य अनाजों की नयी-नयी फसलें उगाते रहते थे। सुना है उनके जवार में पाण्डेय धान के नाम से धान की नयी प्रजाति चल पड़ी थी। गाँव आने-जाने की प्रक्रिया में उनके यहाँ के परिवार को काफी असुविधाएँ झेलनी पड़ती थीं लेकिन उनके मन को कोई क्या कहे? यहाँ भी उनके पास एक अतिरिक्त बड़ा सा प्लाट था। उमें तरह-तरह

की सब्जियाँ उगाते रहते थे। सब्जियाँ भी आभा से आसपास के परिदृश्य को रँगती रहती थीं। उधर से आना-जाना बहुत अच्छा लगता था। पता नहीं धीरे-धीरे क्या हुआ कि यहाँ जिनके खाली प्लाट थे, वे कहीं और से जुड़ते गये और उनके प्लाट बिकते चले गये। पहले तो उनके प्लाट उनके समानकर्मी मित्रों के पास ही गये लेकिन वे प्लाट किसी एक के साथ ठहरे नहीं, एक से दूसरे, दूसरे से तीसरे के हाथ बिकते चले गये। प्लाट अब महँगे होने लगे थे अतः उनके टुकड़े होते चले गये। धीरे-धीरे नौबत यह आई कि 200 गज के प्लाट के 4 टुकड़े हो गये 50-50 गज के, आगे और पीछे।

धीरे-धीरे वे प्लाट प्राध्यापकों के हाथ से निकल कर छोटे-बड़े व्यापरियों के होते गये। दूसरी जगहों से तमाम व्यापारी उतराये हुए यहाँ आने लगे और अब घर दुकान में परिणत होने लगे। मुख्य सड़कों पर तो दुकाने उगने ही लगीं, घरों के अगले हिस्से भी दुकान के काम आने लगे। वैसे इस कुंज में पहले से आये लोगों की संख्या भी काफी थी। उन्होंने मिल-जुलकर इस कालोनी की सुविधाओं के लिए संघर्ष किया था और अभावों के दंश भोगे थे अतः उनमें भाईचारा बना हुआ था लेकिन धीरे-धीरे जो नया वणिक समाज आकर रहने लगा, उससे हम लोग धुल-मिल नहीं पाये और न उन्हें हमसे घुलने-मिलने की तड़प थी। उनकी अपनी दुनिया थी, अपने लोग थे, अपने धंधे थे, अपने संस्कार थे। हम आदिवासी लोग जब किसी सांस्कृतिक या सामाजिक प्रयोजन पर एकत्र होते थे तो चिन्तित होते थे वह देख कर कि शारदाकुंज का रंग बदल रहा है। जिस उद्‌देश्य से इसकी निर्मिति की गयी है वह बचेगा कि नहीं। अब तो आठ-आठ साल के वणिक बच्चों के हाथों में मोटर साइकिलें आ गयी हैं और वे उन पर साथियों को बैठा कर गलियों और सड़कों पर रेस किया करते हैं। उन्हें हम समझा नहीं सकते। नये पैसे वाले उन अभिभावकों के संस्कार उनमें भरे हुए हैं जिनसे हमारा कोई सम्बन्ध नहीं है। छोटे-छोटे बच्चों के मुखों से सिगरेट का धुआँ उड़ा करता है। हम लोगों ने गहरा संघर्ष करके वर्षों में इस कुंज की जिन सुविधाओं की प्राप्ति की है वे इन नवागत वणिकों को बनी बनायी मिल गयी है। बिना दर्द का अनुभव किये ही हमारे दर्द से उपजी सुविधाएँ वे पा गये हैं और उनका निमर्म उपयोग कर रहे हें। हमने इस कुंज के जिस सौन्दर्य को सर्जित किया है या जिया है, वह इनके लिए शून्य है। इन्हें तो कहीं सौन्दर्य दिखाई दे रहा है तो पैसों में।

हमारी चिन्ता के साथ यह प्रयत्न चलता रहा कि इन बदलावों के बीच भी शारदाकुंज की अपनी मौलिक महक कहीं बची रहे। इसलिए अपने और अपने परिवारों के तहत इसके लिए जागरूक रहे। यहाँ-वहाँ तमाम छोटे-बड़े निजी विद्यालय खुल गये हैं लेकिन वे अंगरेजी शासित हैं। तो विद्यालयीय और महाविद्यालयीय किताओं से लदे-फदे छात्र तो यहाँ भी हैं लेकिन पुस्तक-संस्कृति तो और ही चीज़ है न। डिग्री प्राप्त करने के लिए सम्बद्ध पुस्तकें पढ़ ली जाती हैं। डिग्री पाने के बाद तो हाथ

में फाइल होती है या नोट होता है, पुस्तकें कौन पढ़ता है? पढ़ता है तो भी साहित्य की पुस्तकें उपेक्षित रह जाती हैं।

तो हम लोग चाहते रहे किसी न किसी रूप में यहाँ पुस्तक-संस्कृति बची रहे। थोड़े ही घरों में सही लेकिन उसकी ख़ुशबू का अभास होता रहे। इसलिए प्रवेश भी चाहते रहे कि उनका पुत्र जयन्त हिन्दी साहित्य का अध्येता बना रहे। वह हिन्दी से एम.ए. कर कहीं प्राध्यापक बन जाए। जयन्त ने पिताकी इच्छा से बी.ए. आनर्स किया, फिर हिन्दी से एम.ए. कर रहा था। शायद उसका मन पढ़ाई में नहीं लग रहा था। लेकिन पिता का सपना जो था। प्रवेश बीमार रहने लगे। लगता है कॉलेज-घर-गाँव की दौड़ में पड़कर वे भीतर से कमज़ोर होते चले गये। गाँव पर पैसा लगाते रहने के कारण आर्थिक मोर्चे पर भी थकने लगे थे। उन्हें अपना अतिरिक्त प्लाट भी बेचना पड़ गया था। तंगी सह कर तनख़्वाह के तमाम पैसे गाँव की खेती में लगाये जायें और परिवार की आवश्यकताओं की उपेक्षा होती रहे, परिवार वालों को यह बात असह्य लगने लगी थी। घर में तकरार भी होने लगी थी। किन्तु प्रवेश अपनी ज़िद पर अड़े रहे और आर्थिक तथा शारीरिक स्थिति क्षीण पड़ती जा रही थी।

अब बार-बार प्राकृतिक चिकित्सालय में भरती होने लगे थे और एक दिन वे चुपचाप लये गये अनन्त की ओर। इन कालोनी के संस्थापक की शवयात्रा में हम कुछ लोगों के सिवा कालोनी अनुपस्थित थी। सच बात तो यह कि बाद में आने वालें को यह पता भी नहीं रहा होगा कि प्रवेश नाम का कोई व्यक्ति इस कालोनी का संस्थापक है।

प्रवेश के जाते ही जयन्त ने एम.ए. की पढ़ाई को गोली मार दी। कहने लगा—"यह रास्ता मेरा नहीं है, इसे तो पिता जी ने मेरे ऊपर लादा था।" और बस अपने घर के बाहरी हिस्से में एक कमरा बनवा कर जूस की दुकान खोलकर बैठ गया। एक दिन देखा कि मेरा परिचित कबाड़ी रेहड़ी पर किताबें लादे जा रहा था। मैंने पूछा, "अरे इतनी किताबें कहाँ मिल गयी हैं आपको।"

"अरे जयन्त बाबू ने बेचा है।"

जयन्त ने अपने को प्रवेश के सारे लोगों से अलग कर लिया। किसी के यहाँ आना-जाना नहीं रहा। वह जूस की दुकान के साथ अभिन्न होता चला गया। फिर किसी दूसरी जगह दूसरी दुकान खोल ली और वहाँ स्वयं बैठने लगा। यहाँ नौकर रख दिया। जहाँ जूस की दुकान खोली है वहीं कोई प्लाट ले लिया और शारदाकुंज वाला घर बेच दिया। वही घर चौमंजिला फ्लोर बन कर खड़ा है 'नीचे कई दुकानें खुल गयी हैं, जिनमें एक साड़ियों की दुकान है, एक मोबाइल आदि की है, एक गहनों की है। अब इनकी अपनी-अपनी आवाज़ें यहाँ गूँज रही हैं। मैंने जब पहले इन दुकानों से सज्जित इस नव निर्मित बिल्डिंग को देखा तो प्रवेश की बहुत याद आयी। लगा जैसे उसकी आत्मा क्षत-विक्षत होकर इस बिल्डिंग में ऊपर-नीचे, दायें-बायें भटक रही है। हमसे पूछ रही है—"यह क्या हो गया?"

छोटू और कुत्ता

आज मैं घर में चैन से रह नहीं पाया। मैं दरवाज़े पर धूप में बैठा हुआ कुछ पढ़ रहा था कि एकाएक कुत्तों के सामूहिक रुदन का शोर सुनाई पड़ा। एक कुत्ता ज़ोर-ज़ोर से करुण स्वर में रो रहा था, दूसरे कुत्ते भी कुछ करुण स्वर में चिल्ला रहे थे मानो कह रहे हों—"क्या हुआ? क्या हुआ?" मैं उद्विग्न होकर उठा और सड़क पर आया तो देखा तमाम लोग खड़े हैं, कुछ कुत्ते भी खड़े हैं और एक कुत्ता कुछ दूरी पर गिरा पड़ा है और रह-रहकर करुण स्वर में रो रहा है।

"क्या हुआ?" मैंने पूछा तो ज्ञात हुआ कि सप्लायर की ट्रक ने उस कुत्ते को दबा दिया, उसकी कमर टूट गयी है।

जो लोग सड़क पर खड़े थे वे आम लोग थे। कुछ जमादार थे, एक चाय बेचने वाले सरदारजी थे और उनकी पत्नी थी। एक छोटू था जो रेहड़ी चलाता है, कुछ रिक्शे वाले थे, ढाबा चलाने वाले आनन्द पंडित थे। सभी चिन्तित थे कि क्या किया जाय। कुत्ते का रुदन सबको दहला रहा था। सब लोग सोच रहे थे कि क्या किया जाय इस कुत्ते का। मैंने जानना चाहा कि इधर पशुओं का कोई अस्पताल है क्या? पर ज्ञात न हो सका। किसी ने बताया कि अमुक जगह पर पशुओं का एक डॉक्टर है किन्तु वहाँ ले कौन जाये? छोटू अपनी रेहड़ी पर ले तो जाता किन्तु उसने कहा कि पता नहीं यह कैसा कुत्ता है, इसे उठाने जाऊँ और मुझे ही काट ले तो।

"हाँ यह डर तो है।" सबने सिर हिलाया।

तो कुत्ते का रुदन जारी था और इस चौराहे पर स्थायी रूप से जुटने वाले लोग उसे सहने के लिए अभिशप्त हो रहे थे।

सप्लायर...सप्लायर...सप्लायर...मेरा मन क्रोध से भरा आ रहा था। इस सप्लायर ने तो इस स्थान का चैन हराम कर दिया है। मैंने सोचा, उससे कहूँ कि तुम्हारी ट्रक ने इस कुत्ते की कमर तोड़ दी है, इसे किसी अस्पताल में पहुँचा दो। लेकिन जानता था कि वह क्या कहेगा। फिर भी उसकी ओर गया। देखा वह कुत्ते के रुदन या अन्य लोगों की श्वान-चिन्ताओं से बेख़बर रहकर अपने कारोबार में मगन था।

मैंने कहा—"कुत्ते के लिए कुछ करो।" वह बोला—"अरे अंकलजी, कुत्ते तो

इसी तरह मरते ही रहते हैं। ट्रक के नीचे तो वह खुद आ गया। इसमें ट्रक का क्या दोष?"

"मैं जानता था तुम यही कहोगे, फिर भी आ गया।" कहता हुआ वहीं लौट आया जहाँ आम लोग खड़े थे और जिन्हें कुत्ते का रुदन दहला रहा था। जहाँ हम लोग खड़े थे, वहाँ सड़क पर नाली पर का ढक्कन टूटा हुआ था। पहले तो टूटा हुआ पत्थर नाली में लटका रहा, फिर नाली के भीतर गिर गया। अब किसी भी दिन कोई भी और खास करके कोई बच्चा उसमें गिर सकता है। ढक्कन को तोड़ने का कमाल भी सप्लायर के ट्रक ने किया था। यों तो दिन-रात उसकी ट्रकें आया करती हैं किन्तु सुबह-सुबह एक अजीब ट्रक आती है। उस पर कुतुबमीनार की तरह रेत लदी होती है और वह ट्रक अपनी कुतुबमीनारी रेत-ऊँचाई से रास्ते में आने वाले टेलीफोन के तारों से लड़ती-झगड़ती सप्लायर के रेत, ईंट आदि के खुले मैदान में प्रवेश करती है और एक हाहाकार के साथ रेत उड़ेलती है। उसका रेत-मैदान मेरे घर के ठीक सामने है। तो सबसे अधिक मेरा घर ही उसके उत्पात से प्रभावित होता है। पहले तो रातों को भी उसकी ट्रकें आती थीं और अपने उत्पात से मेरे घर की नींद को दहला देती थीं, बाद में पुलिस के हस्तक्षेप से रात का उत्पात बन्द हुआ।

मैं आकर फिर अपने दरवाज़े पर पड़ी कुर्सी पर बैठ गया। कुर्सी पर पड़ी किताब उठा ली लेकिन फिर वही कुत्ते का करुण रुदन। वह थोड़ी-थोड़ी देर बाद उठता रहा और मेरी पुस्तक से टकराता रहा। मैंने पुस्तक रख दी और कमरे में चला गया परन्तु कुत्ते की करुण पुकार ने पीछा नहीं छोड़ा। मन कहता रहा, कुछ करना चाहिए-कुछ करना चाहिए परन्तु क्या? किसे फोन किया जाय? किसे बुलाया जाय? मैं फिर बाहर निकल आया। छोटू उद्विग्न भाव से टहल रहा था। उसे पास बुलाया। कहा–"मेरे घर से रोटी और दूध लेकर उस कुत्ते को दे आओ।" बोला–"रोटी ढाबे से लेकर दे आया था बाबूजी और उधर के एक मकान से दूध भी आ गया था किन्तु कुत्ते ने न दूध छुआ न रोटी। हाय कितना दरद हो रहा बेचारे को। क्या किया जाय?" मैं फिर कुर्सी पर बैठ गया और छोटू के बारे में सोचने लगा। कितना दर्द होता है आम आदमी के भीतर। यह छोटू रेहड़ी चलाता है। मेरे मकान की बगल में स्थित ढाबे की दुकान के पास तमाम आम जनों की भीड़ जमा होती रहती है। चहलपहल मची होती है। ये एक-दूसरे से लड़ते भी हैं और प्यार भी करते हैं। इनका आपसी क्रोध स्थायी नहीं होता। ये सभी शराब पीते हैं। जिसने पी लिया अण्डबण्ड बकने की उसकी बारी होती है। तो बारी-बारी से वे अण्डबण्ड बकते रहते हैं किन्तु छोटू पीता है तो रेहड़ी पर या सड़क पर बेहोश लोट जाता है। उसकी माँ चीखती हुई अपना माथा पीटती है, इसका भी माथा पीटती है। और लाद-लूदकर यह घर ले जाया जाता है। लेकिन जब वह होश में होता है तब अपनी ग़रीबी से लदा-फदा होकर भी बहुत प्यारा लगता है। सबका कार्य कर देता है।

कुत्ते का करुण रुदन सुनते-सुनते तिजहर हो गयी। मुझे अपनी अकर्मण्यता पर ग्लानि भी हो रही थी। बाहर निकलकर पुकारा—''छोटू।''

''हाँ बाबूजी।''

''छोटू, कुत्ते का रोना सहा नहीं जा रहा है। अब तो रात भी होने वाली है। खुली सड़क पर वह कैसे रहेगा? रातभर रोयेगा और उसका विलाप रात-भर हमारी नींद से टकरायेगा।''

''नहीं बाबूजी, प्रधानजी ने मुनिसपिलिटी में फोन कर दिया है। कुछ देर में कोई आयेगा इसे ले जायेगा।''

''यह तो बहुत अच्छा हुआ छोटू। लगता है छाती पर से एक पत्थर उठ गया।''

''हाँ बाबूजी, मुझे भी चैन नहीं पड़ रहा था। मैं अपने काम में जुटा तो था लेकिन मेरा मन भीतर-भीतर रो रहा था उस कुत्ते के साथ।''

मैं कमरे के अन्दर लौट आया। सोच रहा था कि इस दीन-हीन छोटू की ज़िन्दगी में क्या है? एक बूढ़ी माँ, दो छोटे-छोट भतीजे और कमाई के लिए एक रेहड़ी जो अक्सर खाली ही पड़ी रहती हैं लेकिन कितना बड़ा मन है इसका, जिसमें कुत्ते, बिल्ली का दर्द समाया हुआ है और इस जैसे तमाम लोगों की ज़िन्दगी कुत्ते से बेहतर है क्या? किसी दिन किसी को कोई सड़क पर घायल करके चला जायेगा और वह असहाय किकियाता रहेगा और ईश्वर को प्यारा हो जायगा।

क्लाइमेक्स

ठंडक के मारे कहीं आना-जाना हो नहीं पाता। घर में बैठा रहता हूँ या धूप हो तो उसमें पसरा होता हूँ। ऐसे में कोई मित्र या आत्मीय आ जाय तो बहुत अच्छा लगता है। गपशप की उष्मा से मन खिल उठता है। आज दोपहर को अप्रत्याशित रूप से मेरे मित्र पंकज जी आ गये। उन्हें देखते ही लगा कि जैसे कमरे में धूप आ गयी हो। चाय पीने के बाद उन्होंने लिफाफे में से एक पुस्तक निकाली जिसका मुख-पृष्ठ कलात्मक छवि से दीप्त हो रहा था। उन्होंने बहुंत प्रेम के साथ मुझे दिया। खोलकर देखा। वह कविता पुस्तक थी और मुझी को समर्पित थी। मैं बोला–''वाह कितनी बढ़िया छपी है। यद्यपि इसका प्रकाशक बहुत यशस्वी नहीं है। शायद कोई नया प्रकाशक है।''

मैंने पूछा–''यह प्रकाशक कहाँ से ढूँढ़ लिया।''

''यह नया प्रकाशक है। मेरे पास आया था। बोला–''आप अपनी कोई पुस्तक मुझे दे दीजिए। आप जैसे लेखकों के नाम के साथ जुड़कर मैं भी जाना जाने लगूँगा।''

मैंने उसे दे दिया अपने कटु अनुभवों के बावजूद।

''कैसा कटु अनुभव मित्र?''

''छोड़ो मित्र, अब उस अनुभव को क्या कुरेदना।''

''लेकिन कुरेदना तो तुम्हीं ने शुरू किया है उस नये प्रकाशक और उसके अनुरोध की बात कहकर।'' वह हँसे और बोले–''तुम बहुत पाजी हो, फाँस लेते हो अपने तर्कों में। तो सुनो–

चालीस-पैंतालीस साल पहले का वाकया है। ऐसा ही जाड़े का दिन था। मैं बरामदे की धूप में बैठा हुआ कोई पुस्तक पढ़ रहा था। तेईस-चौबीस साल एक युवक सामने आकर खड़ा हो गया। मैंने उसे प्यार से बैठाया। चाय पिलाई। फिर पूछा–''बताइए आप कौन हैं? कैसे आये हैं?''

''जी मेरा नाम अभिजीत है। मैं समीर प्रकाशन से आया हूँ।''

''यह कौन सा प्रकाशन है मैं नहीं जानता।''

''जी इसे मेरे पिता जी स्वान्तःसुखाय चलाते हैं। मैंने सोचा कि इसे ठीक ठाक व्यावसायिक रूप दिया जाय।''

''हाँ, आपने ठीक सोचा।''

''लेकिन इसके लिए मुझे बड़े लेखकों का आशीर्वाद चाहिए।''

''हाँ सो तो है।''

''तो इसीलिए विशिष्ट लेखकों के पास जा रहा हूँ—उनसे उनकी कोई पुस्तक पाने के लिए और इसीलिए आपके पास भी आया हूँ।''

''धन्यवाद अभिजीत जी जो आपने मुझे भी विशिष्ट समझा। लेकिन इस समय मेरे पास कुछ भी नया नहीं है जो आपको दे सकूँ।''

''कुछ पुराना ही दे दीजिए। मुझे तो आपका नाम चाहिए।''

''तो मैंने अपनी पुरानी रचनाओं में से कुछ संकलित करके उन्हें दे दिया। उन्होंने सोत्साह छापा।''

इतना कहकर मित्र चुप हो गये जैसे कहानी समाप्त हो गयी।

लेकिन मुझे लगा कि अभी कहानी का कुछ भाग बाकी है इसलिए कहा—'तो?' मित्र मुस्कराये। बोले—''नहीं मानोगे पूरी कहानी सुने बिना। तो सुनो—

''अभिजीत के प्रयत्नों से समीर प्रकाशन स्तर ग्रहण करने लगा और हमारे सम्बन्ध प्रगाढ़ होते गये। लेकिन ज्यों-ज्यों प्रकाशन स्तरीय होता गया वह स्वनाम धन्य लोगों के घेरे में आता गया। लोग अपनी तरह-तरह की शक्तियों से उसे प्रभावित करते गये।

''हाँ लेकिन तुम किस स्वनामधन्य से कम हो। तुम्हारी प्रतिष्ठा और यश किससे कम है।''

मित्र मुस्कराये। बोले—''तुमने मैथिलीशरण की कविता पढ़ी है न—

दुनिया वणिक वृत्ति है रखती
उसे चाहती जिससे चखती

तो बन्धु अब मैं किसी भी प्रकार से किसी को लाभ पुँचाने की स्थिति में नहीं हूँ। प्रकाशक देखता है कि यह आदमी, न किसी क्रय-समिति में है, न पुरस्कार-समिति में है, न किसी शिक्षा संस्था में है, जहाँ पुस्तकों की खरीद होती है और न उसके लिए किसी प्रकार का आतंक ही साबित हो सकता है। स्तरीय हो जाने पर तो उसके पास अच्छे लेखकों की रचनाओं की भीड़ लगी रहती है, मुझ जैसे सीधे सादे लेखक से सम्बन्धों की उष्मा बनाने में उसे क्या मिलेगा।''

''हाँ, सही कह रहे हो। हम सभी इस अनुभव से गुज़र रहे हैं।''

''तो न अब वह उष्मापूर्वक कोई रचना मुझसे माँगता है न मैं देता हूँ। उसे लेखकों का अकाल नहीं है तो मुझे प्रकाशकों का अकाल नहीं है। सम्मानपूर्वक जो भी प्रकाशक मुझसे माँगता है दे देता हूँ। फिर भी...'' वे चुप हो गये।

कुछ देर तक मैं उन्हें देखता रहा और सोचता रहा कि 'फिर भी' के आगे कुछ कहेंगे लेकिन वे चुप रहे। मैंने चिल्लाकर कर पूछा—''क्या फिर भी?''

वे फिर मुस्कराये। बोले—"मेरा दर्द जानने में तुम्हें इतनी दिलचस्पी क्यों है?"

"मित्र का दर्द अपना दर्द होता है और उस दर्द को स्वयं ही जगा जगा कर तुम चुप हो जा रहे हो।"

"तो लो सुनो। यह जो नया संग्रह आया है, मन में आया कि उसके लिए अभिजीत से बात करूँ। पूछूँ—कविता संग्रह छापोगे क्या।"

"तो पूछा?"

"हाँ पूछा तो उसने एक झटके से कहा—'नहीं।' हम दोनों कुछ देर स्तब्ध रहे फिर ठठा कर हँस पड़े।

ज़िन्दगी के रास्ते

शील जी के घर के पास गगन विहार का यह चौराहा है। सुबह होते ही एक किनारे एक चाय की दुकान जाग जाती है। सफाई कर्मचारियों की भीड़ एकत्र हो जाती है, रिक्शेवाले रिक्शे लिये हुए यहाँ-वहाँ खड़े हो जाते हैं। उनमें से एक नन्हें जी भी होते हैं। नन्हें की माँ राधा भी वहाँ घूमती-घामती दिखाई पड़ जाती है। वह शाम तक वहाँ आती-जाती रहती है। नन्हें मियाँ की भतीजी और भतीजा भी दिखाई पड़ते रहते हैं।

शील को अजीब लगता है कि यह औरत दिन भर घूमती रहती है और नन्हें मियाँ भी प्रायः रिक्शा लिये बैठे ही रहते हैं। वे कभी-कभी छोटी दूरी की सवारी तो उठा लेते हैं दूर तक नहीं जाते। कभी-कभी पीकर चौराहे पर लोट भी जाते हैं। फिर इनका खर्च-वर्च कैसे चलता होगा।

एक दिन शील ने अपनी पत्नी से यह ज़िक्र छेड़ दिया तो पत्नी बोली—"आप इनके बारे में कुछ नहीं जानते। अरे यह औरत यानी राधा कई घरों में बर्तन माँजने और झाड़ पोचा का काम करती है। काम करके चौराहे पर आती है। और जो उसके पोता-पोती हैं वे भी कई घरों में काम करते हैं, और पढ़ते भी हैं। लड़का नवीं में है और लड़की सातवीं में। और राधा दिल्ली सरकार से पेंशन भी पाती है। इस तरह उसके पास ठीक ठाक मात्रा में पैसे हैं। वह पैसे बचाना जानती है न?

शील लेखक हैं अतः उन्हें राधा के बारे में अधिक जानने की इच्छा होती रहती थी। लेकिन जाने कैसे? राधा से उसके अतीत के बारे में कुछ पूछे तो सोचेगी कि आखिर किसी के मन में उसका गुजरा हुआ समय जानने की इच्छा क्यों हो रही है। और यह बात भी तो है कि न जाने वह कौन का दर्द छिड़ जाये जिसे वह भोग चुकी है और जिसे भूलना चाहती है।

ऐसे ही समय बीत रहा था कि एक दिन बिहार से शील जी के एक मित्र पवन जी आ गये। शायद किसी काम से दिल्ली आये रहे होंगे। शायंद आटो में से राधा को चाय की दुकान पर देख लिया होगा। चाय पीने के बाद उन्होंने पूछा—"चाय की दुकान पर एक औरत दिखाई पड़ी थी वह राधा जैसी लग रही थी।"

"मित्र, वह राधा जैसी नहीं, राधा ही है मगर तुम उसे कैसे जानते हो?"

"अरे वह मेरे गाँव की है। इस घर के पास केवल एक बीघा खेत रहा है। उससे

क्या होने को? हाँ इसके पति की नौकरी ही इस घर का आधार रही है। इसके पति प्राइमरी स्कूल में अध्यापक थे। गाँव से पाँच कोस की दूरी पर के स्कूल में नियुक्त थे। वे स्कूल में ही रहते थे। शनिवार को घर आते थे। दो-दो जगह का खर्चा। फिर भी जिस तिस तरह से काम चल ही रहा था। राधा के दो बेटे थे। छोटा बेटा मिडिल स्कूल में पढ़ता था। पढ़ने-लिखने में यों ही था। बड़ा बेटा होशियार था। वह मिडिल पास करके नार्मल कर चुका था। और नौकरी के लिए भाग-दौड़ कर रहा था। उम्मीद थी कि कुछ वर्षों में वह भी शिक्षक की नौकरी पा जायेगा। उसकी शादी हो चुकी थी। उसके दो बच्चे भी थे एक बेटा, एक बेटी...लेकिन

"लेकिन क्या भाई?"

"भाई कहते है, न कि मरे को मारे शाह मदार। इस परिवार का छोटा-सा भी सुख समय से देखा नहीं गया। बारी-बारी चार-पाँच वर्षों के भीतर राधा के पति मरे, बड़ा बेटा मरा, बहू मरी। राधा के ऊपर तो मानो पहाड़ टूट पड़ा। घर में एक खालीपन दहाड़ने लगा। एक बीघे खेत की बिसात ही कितनी। और उसे भी जोते-बोये कौन? मरे हुए लोगों की कष्टकर यादें और ग़रीबी लादे हुए राधा चलती रही। अब तो राधा को यह घर काटता-सा लगता रहा होगा। उसे लगता रहा होगा कि कहीं और चली जाये, जहाँ रात-दिन दिवंगत लोगों की आहटें न सुनाई पड़ती हों। राधा के पति का एक यादव चेला है रामपति। वह दिल्ली में काम करता है।

राधा जी उसके साथ दिल्ली चली आयीं। अपना खेत बेच दिया। इसके बाद क्या हुआ मुझे नहीं मालूम।"

उसके बाद की कहानी कुछ यों है—

रामपति जिस मकान में रहता था उसी में किराये पर एक छोटा-सा कमरा 'राधा को दिला दिया। मगर उसे चिन्ता बनी रही कि राधा जी को कौन-सा काम दिलाया जाय। ऐसे कब तक चलेगा?"

"भइया रामपति, इस मोहल्ले में तुम्हारी बहुत जान पहचान है मुझे चौका-बरतन और झाड़-पोछा का काम दिला दो ना।"

"माँ जी आप ब्राह्मण होकर ये सब काम करेंगी?"

"अरे भइया अपने ब्राह्मण को तो मैं गाँव पर ही छोड़ आयी। मुझे अपनी और इन बच्चों की जिन्दगी चलानी है। कोई भी जाति जिन्दगी से बड़ी नहीं होती। क्या दिया ब्राह्मण जाति ने गरीबी और अपमान के सिवा? और देख भइया जिन्दगी जीने के लिए मेहनत का कोई भी काम छोटा नहीं होता।"

और तब से वह घरों में घरेलू काम कर रही है। पोते-पोती भी पढ़ने के साथ-साथ कुछ घरों में काम कर देते हैं और नन्हें मियाँ ब्राह्मण को लात मार कर दलितों और पिछड़ी जातियों के रिक्शे वालों के साथ खड़े हैं, उन्हीं से उनका भाई-चारा है। अब इन्हें रोटी कपड़े की चिन्ता नहीं रही। इसी कमाई के बल पर इनका अपना एक

कमरे का घर भी हो गया है।

एक दिन नन्हें मियाँ पड़ोस की पंडिताइन को एक यजमान के यहाँ ले जा रहे थे। यजमान के यहाँ बूढ़ी माँ मरी थी, उसी सन्दर्भ में उनके यहाँ भोजन का आयोजन था। बात-बात में पंडिताइन ने पूछ दिया—"नन्हें तुम्हारी जाति क्या है?"

"जाति पूछना लोगों का शौक हो गया है। फिर भी आपने पूछा है तो बता ही दे रहा हूँ—मैं ब्राह्मण हूँ।"

"छी-छी ब्राह्मण होकर रिक्शा चलाते हो और तुम्हारी माँ लोगों के घरों में चौका-बरतन करती हैं यह तो घोर अधर्म है, शरम आनी चाहिए तुम लोगों को।"

"इसमें छी-छी की कौन सी बात है पंडिताइन जी। हम ब्राह्मण हैं कमा कर खाते हैं। मेहनत का कोई काम छोटा नहीं होता लेकिन आप लोग तो बिना काम किये हुए चारों ओर खाते फिरते हो, दान-दक्षिणा लेते हो, मरे हुए आदमी को भोजन देने के नाम पर खुद भकोसते हो। आप लोगों को शरम नहीं आती है?...

"अरे क्या बकवास कर रहा है रे नन्हें।"

"ब्राह्मण का रिक्शा चलाना अधर्म है तो उस पर बैठना भी अधर्म है। आप उतरिए मेरे रिक्शे पर से। और कोई धर्म वाला रिक्शा कर लीजिए।"

कहकर नन्हें रुक गया, और पंडिताइन सोचने लगीं—क्या किया जाय।

चम्पा

कल काम वाली नहीं आयी थी। उसका ससुर कह गया था कि बीमार है। मैंने कह रखा है कि जब न आना हो तो सूचित कर दिया करो ताकि हम स्वयं समय से अपना काम निबटा लें। यह क्या कि हम इन्तजार में बैठे हैं और उधर कामवाली चुपचाप अपने घर में बैठी है। तो इस नसीहत पर अमल करते हुए उसके घर वाले सूचित कर जाते हैं।

तो वह आज आयी थी। वैसे देखा है कि इस वर्ग के लोग एक दिन बीमार पड़ते हैं तो दूसरे दिन ठीक होकर काम पर आ जाते हैं। इसमें इनकी जिजीविषा भी है और मजबूरी भी। शहरी मध्यवर्गीय लोग तो पड़ते हैं तो सप्ताहों बिस्तर से नहीं उठ पाते। उनकी आधी जिन्दगी तो दवा खाते बीतती है इसलिए कुछ समय बाद दवा भी काम नहीं करती। करती भी है तो बहुत धीरे-धीरे। किन्तु दलित या पिछड़े वर्ग के लोग तो थोड़ा आराम करके ही या कुछ देशी दवाएँ लेकर ही ठीक हो जाते हैं। अंगरेजी दवाएँ भी उन पर तेजी से काम करती हैं क्योंकि वे उनके अभ्यस्त नहीं होते। तो दूसरे दिन ही वे काम पर निकल पड़ते हैं। दूसरे दिन काम पर निकल पड़ना उनकी मजबूरी भी तो है। यदि वे कहीं काम कर रह हैं तो मालिक उन्हें दो-एक दिन से ज्यादा की छुट्टी नहीं देता और यदि वे कोई स्वतन्त्र काम कर रहे हैं तो काम नहीं करेंगे तो खायेंगे क्या? इसलिए पूरी तरह स्वस्थ न होने पर भी उन्हें काम पर निकल जाना पड़ता है।

तो जब चम्पा काम पर आयी तो मैंने पूछा, "बेटे ठीक हो गयी? क्या हुआ था?"

चम्पा बोली नहीं, चुपचाप बर्तन माँजती रही। मैंने अनुभव किया कि चम्पा धीरे-धीरे सिसक रही है।

"क्या हुआ रे चम्पा? बुखार है क्या? तो क्यों आयी? दो-एक दिन और नहीं आती तो क्या बिगड़ जाता? मैं काम देख लेती।"

चम्पा फिर नहीं बोली तो मैं उसके पास चली गयी और उसका हाथ पकड़कर कहा—"जा घर जा। बुखार उतर जाये तो आना।"

वह चीख पड़ी, "छोड़िए, छोड़िए माताजी हाथ छोड़िए।"

मैंने हाथ छोड़ दिया तो देखा उसकी कलाई पर घाव हो गया है।

"यह कैसे हुआ रे?"

वह फिर नहीं बोली तो मैं गुस्से से चीख-उठी—"बताती क्यों नहीं?"

"मारा है।" उसने रोते हुए कहा।

"किसने?"

"सासजी ने। यहाँ भी मारा है, यहाँ भी मारा है।" कहकर उसने गरदन उघाड़ दी। वहाँ भी घाव हो गया था।

"बड़ी चुड़ैल है रे तेरी सास। आती है तो मैं बताती हूँ। बड़ी सास की दुम बनी हुई है।"

"नहीं माताजी, वे और भी गुस्सा हो जायेंगी। कहेंगी कि सब जगह मेरी शिकायत करती फिरती है। यह मेरे घर का मामला है, बाहर का कोई आदमी कुछ नहीं कर सकता, कर सकता है तो अपना मरद, लेकिन वह खुद ही दब्बू हो तो वह अपनी बीवी का बचाव क्या करेगा।?"

"लेकिन यह सब देख-सुनकर मेरा मन बहुत बेचैन हो उठता है। मन तो करता है कि तुम्हारी सास रानी पर पुलिस केस करवा दूँ। पुलिस के डंडे जब उसकी पीठ पर पड़ेंगे तब सीधी हो जायेगी लेकिन...।"

चम्पा अपने काम में लीन हो गयी। मैं भी वहाँ से हटकर अपने काम में लग गयी। फिर मैंने अपने लेखन कार्य में तल्लीन होना चाहा। लेकिन तल्लीन नहीं हो पायी। रह-रहकर चम्पा की दुर्गति मुझे छेड़ती रही। चम्पा की सास चन्दा भी मेरे घर काम कर चुकी है। हम लोगों के सामने बहुत सुशील दिखती है। वह तो मुझे देखकर सिर पर पल्ला ले लेती है-जैसे मेरी देहाती बहू हो। बातचीत भी ढंग से ही करती है लेकिन वह औरों के साथ भी ऐसा करती है यह नहीं लगता। मेरे यहाँ काम करने आती थी तो मोहल्ले के घर-घर के समाचारों का पुलिन्दा उसके पास होता था। हमारे घर में भी जब वह काम कर रही होती थी और हम लोग कुछ बात कर रहे होते थे तो वह काम रोककर हमारी बात सुनती थी। इसलिए हम लोग उसके सामने अपने या दूसरे के घर की ऐसी कोई बात नहीं करते थे कि वह उसके लिए समाचार बन जाये। मैंने उसे हड़का भी रखा था—"देख चन्दा, तू सबके घरों की बात लाकर यहाँ छींटती है, अगर मेरे घर की बात कही कहीं न तो मुझसे बुरा कोई नहीं होगा।"

"नहीं माताजी, मैं आपके घर की बात कहीं नहीं कहती हूँ।"

तो चन्दा अब सास बन गयी है और दादी भी। सास भी ऐसी-वैसी नहीं बहुत जाबिल सास। अब वह चाहती है कि घर में बैठकर आराम करे और बहुएँ और बेटे कमा-कमा कर लायें और उसे देते रहें। पति कुंजू रिक्शाचालक है ही, बड़ा बेटा मोहन भी रिक्शाचालक है। उसकी पत्नी चम्पा भी चौका-बरतन करती है। फिर भी

चन्दा के हाथ उस पर छूटते रहते हैं। मोहन यह सब देखता है किन्तु मातृभक्ति के संकोच में कुछ बोलता नहीं है। चम्पा किसके बल पर प्रतिरोध करे। चन्दा उसे डंडे से या अरतन-बरतन चलाकर पीटती रहती है। वह बेचारी सुह-सुबह अपने छोटे बच्चों को घर पर सास के भरोसे छोड़कर कोसभर दूर की बस्ती में काम-धाम करने चली आती है। बीमार हुई तो भी उसे उन अनेक घरों में भी काम करना ही पड़ता है जिन घरों के काम सास चन्दा ने ले रखे हैं। चम्पा बेचारी को सारे पैसे सास को सौंप देने होते हैं, अपने लिए कुछ नहीं रख पाती। मैंने तो कई बार कहा कि तुम लोग सास का मकान (हाँ उसे सास ने ही बनवाया है) छोड़कर अलग क्यों नहीं हो जाते। किन्तु वह कुछ बोलती नहीं है।

तो मैं इस घरेलू हिंसा के समाचार प्रायः सुनती रहती हूँ और पीड़ित तथा क्रोधित हुआ करती हूँ। घरेलू हिंसा के न जाने कितने आयाम हैं, कितने क्षेत्र हैं, कितने रूप हैं। मैं तो सोचती हूँ कि उच्च वर्ग से लेकर निम्न वर्ग तक घरेलू हिंसा अपने पैर फैलाये हुए है। लेकिन निम्न वर्ग में तो उससे मुक्ति के सहज मार्ग भी है। यहाँ तो स्त्रियाँ अपने पाँव पर खड़ी होती हैं। उन पर झूठी नैतिकता और मर्यादा का वह बोझ भी नहीं होता जो मध्यवर्गीय स्त्रियों के सिर पर होता है। उनमें भी अधिकांश के मर्द पीते हैं। शराब के लिए पत्नियों के पैसे छीन लेते हैं, उन्हें पीटते हैं किन्तु फिर भी यह क्रम तभी तक चलता है जब तक औरतें सहती हैं। जिस दिन वे चाहती हैं, विकल्प खोज लेती हैं। देखें चम्पा कब विकल्प खोज पाती है और कब मैं रोज-रोज सास द्वारा चम्पा के पिटने के समाचार सुनने की पीड़ा से मुक्त हो पाती हैं। और यह भी कम पीड़ा है क्या कि मैं सास चन्दा को इसलिए नहीं डाँट पाती कि उससे चम्पा के प्रति उसका जुल्म और बढ़ जायेगा और आखिर किसी के घरेलू मामले में बाहर का आदमी भला कितना हस्तक्षेप कर सकता है?

कई दिनों बाद चम्पा के चेहरे पर ऊर्जा की दीप्ति देखी। वह काम करते हुए गुनगुना भी रही थी।

"क्या बात है चम्पा, आज कुछ नयी-नयी लग रही हो।" मैंने पूछा।

"हाँ माता जी, आज जब सास जी मुझे गालियाँ सुना रही थी तो बड़े बेटे ने कह दिया—"ओ दादी, तू क्यों रोज-रोज माँ को गाली देती है और मारती है। अब अच्छा नहीं होगा।"

"अच्छा तेरी यह मजाल?" कहती हुई वे बेटे की ओर लपकीं।"

मैंने कहा—"माँ जी, बेटे को हाथ न लगाइएगा।"

"अच्छा तो तू ही भोग" कहती हुई वे मुझ पर चढ़ आयीं। उन्होंने मारने के लिए हाथ उठाया तो मैंने उनकी कलाई पकड़ ली। बोली—"बहुत हो चुका माँ जी। अब मुझ पर जो हाथ उठेगा वह सलामत नहीं रहेगा। माँ जी मेरे-मरद को सुना कर

कहने लगी।'' ''जोरू का गुलाम, तेरी जोरू तेरी माँ का अपमान कर रही है और तू खड़ा खड़ा तमाशा देख रहा है।''

''तमाशा तो बहुत देख चुका माँ जो तुम मेरी बीवी-बच्चों के साथ करती आ रही हो।'' कह कर वे रिक्शा लेकर चले गये। माँ जी बिलखती हुई गालियाँ देती रहीं। मैं भी काम पर चली आयी।

''तो तुम्हें जो पहले करना चाहिए था उसे आज कर ही दिया।''

अकेलापन

मिसेज चौधरी का घर पास में ही है लेकिन क्या विडम्बना है कि सालों से न मैं उनके घर गयी न वे मेरे यहाँ आयीं। जब चौधरी साहब जीवित थे तब पति-पत्नी प्रायः भाभी-भाभी कहते हुए मेरे यहाँ आते थे। हम भी उनके यहाँ जाया करते थे। ख़ूब गपशप होती थी। मैं अस्सी पार कर गयी हूँ और वे भी सत्तर के आसपास होंगी। अब यहाँ-वहाँ आना-जाना हो नहीं पाता। यही स्थिति उनके यहाँ भी होगी।

आज किसी काम से गली से गुजर रही थी तो देखा उनके मकान का पिछला दरवाज़ा खुला हुआ था और वे खाट पर चुपचाप बैठी थीं। उन्होंने मुझे देखा, पुकार कर बुला लिया। कितने दिनों बाद उन्हें देख रही थी। उन्हें देख कर विचित्रसी अनुभूति हुई। इतने बड़े घर में अकेली बैठी थीं।

मुझे ज्ञात था कि इनका बड़ा बेटा इन्हें अमेरिका ले गया था। इस आग्रह के साथ कि इन्हें वह हमेशा के लिए अपने साथ ही रखेगा। एक दिन ये वहाँ गिर गयीं तो पैर टूट गया।

कुछ दिनों बाद बेटे का मातृप्रेम हवा हो गया और इन्हें यहाँ छोड़ गया। मैंने पूछा—"मिसेज चौधरी अब पाँव कैसा है?"

"पाँव अब कुछ ठीक है कुछ चल फिर लेती हूँ।"

"बहू कहाँ है? दिखाई नहीं दे रही है" वे मेरी ओर चुपचाप देखती रहीं। लगा जैसे किसी असमंजस में हों और सोच रही हों कि कुछ बोलें कि नहीं बोलें। उन्होंने एक लम्बी साँस खींची और बोलीं—"अब अकेली रहती हूँ इस घर में।"

"क्यों छोटा बेटा तो था आपके साथ। पाँच छः महीने पहले तो उसे देखा था।"

"हाँ, भाभी पर अब नहीं है।"

"वह भी विदेश चला गया क्या?"

"मेरे लिए विदेश ही समझिए।"

"यानी"

"यानी यह कि उसने द्वारका में फ्लैट ले लिया है। वहीं चला गया। कहने लगा कि यह मोहल्ला और यह घर मुझे रास नहीं आ रहा है।"

"ओह तो यह बात है। आपको साथ नहीं ले गया?"

"उसने तो बहुत चाहा कि यह मकान बेच दूँ और उसके साथ रहने लगूँ मगर मैं ही नहीं गयी।"

मैंने पूछा—"क्यों भला"

"भाभी जी यह मेरे पति चौधरी साहब का बनवाया हुआ मकान है। यानी कि मेरा है। इसकी ईंट-ईंट पर उनके अपनेपन की कथा लिखी हुई है। इसके कमरों में मेरे उनके प्यार और सुख-दुख के स्वर गुंजित हैं। अलमारी में उनकी पुस्तकों की प्यारी-प्यारी दुनिया है। जिनके पन्नों पर उनकी आँखों की ज्योति ठहरी हुई है और जिनके पन्नों की फड़फड़ाहट मेरे कानों में गूँजती रहती हैं इसी घर में उनके मित्रों की हँसियाँ तैरती-सी लग रही हैं। उनके साथ चौधरी साहब के खान-पान की चहल-पहल अभी भी महसूस होती है। इसे कैसे बेच दूँ? और इस मोहल्ले के गली-कूचों से मेरा कितना लगाव है।"

"मिसेज चौधरी आप सही कह रही हैं।"

"और सबसे बड़ी बात यह है भाभी जी कि यह मेरा घर है, मैं यहाँ की मालकिन हूँ। वह बेटे-बहू का घर है जिसमें मैं पराश्रित सी रहूँगी। नये मिज़ाज के बेटे बहू कहेंगे—'यह मत करो, वह मत करो, यहाँ मत बैठो वहाँ मत बैठो' और एक बेटे के यहाँ रहकर जान लिया है न कि अपने और बेटे के घर में क्या अन्तर है। वैसे भाभी जी अपना घर न हो तो बेटे के साथ रहना ही हाो है यदि वह चाहता है तो। आप दुनिया देख ही रही हैं कि बूढ़े माँ-बाप के साथ बेटों का क्या सुलूक होता है। माँ-बाप किस तरह एक फालतू सामान की तरह घर के किसी कोने में डाल दिये जाते हैं। निराश्रित माँ-बाप की यह मजबूरी होती है कि वे किसी भी हाल में ऐसे बेटों के साथ रहें।"

"आपकी दिनचर्या क्या है मिसेज चौधरी? नाते रिश्ते के लोग आते हैं कि नहीं?"

"कभी-कभी कोई आ जाता है। बाकी तो मैं अकेली ही समय के साथ चल रही हूँ। हाँ एक नौकरानी है जो आती है तो थोड़ा-सा दुकेलापन अनुभव होने लगता है। वह झाड़-पौंछा तो करती ही है, खाना भी बनाती है और कुछ देर बैठ कर बतियाती भी है। अब तो वही अपनी सगी है।"

मैं आने लगी तो बोलीं—"कभी-कभी आ जाया करें भाभी जी। मैं तो बहुत चल फिर नहीं पाती नहीं तो मैं भी आती।"

"जी मैं आ जाया करूँगी।"

मैं चली आयी लेकिन मिसेज चौधरी का दर्द भी साथ चला आया। मैं तो एक भरेपूरे घर में हूँ और स्वास्थ्य कुछ ठीक ठाक होने के कारण इस उम्र में भी मेरी गतिशीलता बनी हुई है। इस घर में भी जब मैं कभी अकेली पड़ जाती हूँ तो मन उदास हो जाता है। आसपास एक सन्नाटा सा पसर जाता है। मन ही मन घर के किसी व्यक्ति के आ जाने की प्रतीक्षा करती हूँ। ऐसा कभी ही कभी होता

है नहीं तो घर में रौनक छाई रहती है। मैं स्वयं अभी सक्रिय हूँ। कभी किसी के लिए कभी किसी के लिए चाय बनाने के सुख से गुज़रती रहती हूँ। पति के साथ चाय पीने और खाना खाने का अपना ही स्वाद है। बच्चों के बीच हँसन-चहचहाने, टी.वी. देखने का आनन्द प्राप्त करती रहती हूँ। बाहर से भी लोग आया करते हैं लेकिन अखबार में तथा टी.वी. पर किसी माँ-बाप के अकेलेपन की खबर पढ़-सुन कर मन उद्विग्न हो उठता है।

आज तो मिसेज चौधरी के रूप में अकेलेपन को देख कर न जाने मन कैसा-कैसा हो रहा है। अकेली औरत का समय कैसे कटता होगा। वे इस कमरे से उस कमरे तक जाती होंगी, फिर वहाँ से दूसरे कमरे में जाती होंगी। पढ़ी-लिखी हैं। हो सकता है कभी किताबों के साथ हो लेती हों किन्तु मुझे कभी लगा नहीं कि पुस्तक पढ़ने में उनकी रुचि है। खाट पर पड़ी-पड़ी अतीत में खो जाती होंगी। चौधरी साहब के साथ बीता हुआ समय मन में उमड़-उमड़ आता होगा। उनके समय में बाहर से आने वाले लोगों की चहल-पहल की याद उन्हें मथती होगी। कभी दीवार पर टँगी उनकी बड़ी-सी फोटो देखती होंगी, देखती होंगी और चुपचाप आँसू बह चलते होंगे।

टेंशन

आज भी डॉक्टर ने पूछा, ''आपको कोई टेंशन है क्या?'' और मैंने फिर वही जवाब दिया—''नहीं, मुझे तो नहीं लगता कि मुझे कोई टेंशन है।''

''देखिए इस रोग का टेंशन से गहरा सम्बन्ध है। टेंशन मत पालिए।''

''नहीं डॉक्टर साहब, मुझे कोई टेंशन नहीं है और यदि होता भी है तो मैं उसे बुलाने नहीं जाता और न उसे पालता हूँ। मैं बहुत कम से सन्तुष्ट होने वाला आदमी हूँ। मैं काल्पनिक सुख के लिए अपने को हैरान नहीं करता और न पड़ोसियों के बड़े सुखों से जलकर अपने छोटे सुखों को तुच्छ मान लेता हूँ। जो प्राप्त छोटे-छोटे ठोस सुख हैं, उनका आनन्द लेता हूँ। इसलिए मैं स्वभावतः टेंशन पालने से बचा रहता हूँ। हाँ, यदि परिवार पर कोई विपत्ति आती है तो इसकी चिन्ता से अपने को मुक्त कैसे रख सकता हूँ? लेकिन विपत्तियाँ आती हैं, चली जाती हैं और टेंशन भी चला जाता है, बल्कि उन विपत्तियों से लड़ने की याद सुख के रूप में बच जाती है जो मन को हल्का करती रहती है।''

''गुड, वेरी गुड।'' डॉक्टर बोले।

तो मैं आज भी डॉक्टर से कह आया कि मुझे कोई टेंशन नहीं है। परिवार में सब ठीक-ठाक है।

सवेरे-सवेरे उठा। गेट पर गया। देखा—गाय माता लोग सड़क पर उतरायी हुई हैं और कोई माता बहुत प्रेम से मेरे घर के आगे सड़क के किनारे लगाये गये नये पेड़ को साफ कर रही हैं। कोई न कोई माता रोज़ ही साफ़ करती हैं। लोग आ रहे हैं, जा रहे हैं, किसी को चिन्ता नहीं कि पेड़ खाया जा रहा है। हाँ, दो-एक पड़ोसी रोज़ की तरह आज भी बासी रोटी लिये हुए आये और गाय की बगल में डालकर चले गये—यह सोचते हुए कि उनके स्वर्ग जाने के लिए एक डंडा और सीढ़ी में लग गया। मैं गाय को भगाने के लिए 'हट्ट-हट्ट' करने लगा लेकिन गाय का भक्षण-ध्यान भंग नहीं हुआ। फिर मैं डंडा लिए निकल पड़ा और उसे डरा कर वहाँ से भगाने लगा। मेरे हाथ में डंडा देख कर दो-एक आते-जाते हुए लोग बोले, ''जाने दीजिए साहब, गाय माता है। पेड़ तो पेड़ ही है न, खा लिया तो क्या हुआ?''

''जी हाँ जनाब, पेड़ तो पेड़ ही है जो जब बड़ा होगा तब आपको भी छाँह

देगा, आपके घर की भी हवा शुद्ध करेगा। गर्मी की दोपहरी मैं थके-माँदे लोग इसके नीचे ठहर कर थोड़ा विश्राम करेंगे, रिक्शेवाले, मजदूर और न जाने कौन-कौन लोग इसके नीचे जलती दोपहरी बितायेंगे। इसके फूलों का रंग आपकी भी, उनकी भी आँखों में उतरेगा, सुगन्ध सबके प्राण में उतरकर मन के भारीपन को हल्का करेगी। और गाय? गाय तो अपने मालिक को दूध देकर चली आती है। सड़क पर यहाँ से वहाँ तक गोबर करने के लिए, पेड़ साफ करने के लिए, सब्जी वालों की रेहड़ी में मुँह से झपट्टा मारने के लिए तथा इनका-उनका डंडा खाने के लिए। लेकिन इसमें गाय का क्या दोष? वह तो जानवर है, भूखी छोड़ दी जायेगी तो पेड़ भी साफ करेगी, सब्ज़ी भी साफ करेगी और घूम-घूम कर सड़क पर गोबर भी करेगी, जिस पर मक्खियाँ भिनभिनाती रहेंगी। दोष तो उस मालिक का है जो दूध दुहकर हाँक देता है गली-गली भटकने के लिए। वाह री गो-भक्ति।"

मेरी बात सुनकर लोग चुपचाप चले गये—मन ही मन मेरी अधार्मिकता को कोसते हुए। लेकिन सुबह-सुबह मेरा मन ख़राब तो हो ही गया और देर तक उस खराबी की गिरफ्त में छटपटाता रहेगा। मुझे न पेड़ का उजड़ना अच्छा लगात है न गाय को डंडा मारना।

नित्यकर्म के पश्चात् घूमने निकल पड़ा। घूमने के लिए बहुत दूर नहीं जा पाता हूँ। आनन्द कुंज के छोटे-से पार्क में ही तीस-चालीस मिनट तक पचीस-तीस चक्कर काट लेता हूँ। इस छोटे-से पार्क में चारों ओर कच्चा रास्ता बना हुआ है और बीच में एक पतली कच्ची सड़क हैं इससे पार्क दो भागों में बँट जाता है। एक भाग में शाखा लगती है और एक भाग में दूसरे लोग (जिनमें बूढ़े, अधेड़ और जवान सभी तरह के लोग होते हैं) घूमते भी हैं, व्यायाम भी करते हैं और जोर-जोर से देश की राजनीति पर बातें भी करते हैं—जैसे वे सारा फैसला करके ही रहेंगे। पार्क में चारों ओर बने पतले रास्ते से कुछ लोग घूमते हैं, मैं भी उनमें होता हूँ। यहाँ हर मौसम में गुलाब फूले होते हैं। कोई फूल तोड़ रहा होता है तो मना करता हूँ। आज भी किया। एक आदमी बहस करने लगा। सोचा कि शायद कुछ लोग मेरे साथ खड़े होकर फूल तोड़ने वाले को कुछ कहेंगे लेकिन कोई साथ नहीं आया—सदा की तरह। और देखा जब वे लोग जाने लगे तो कइयों के हाथों में गुलाब के दो-दो एक-एक फूल हैं। कई बार सोचा कि क्यों मैं यह सब देखता रहता हूँ? कोई फूल तोड़ता है तो तोड़े मुझे क्या? लेकिन अपने को बार-बार समझाने पर भी बेचैन हो जाता हूँ जो फूल बाग की शोभा बढ़ाने के लिए हैं जो अपने रंग और गन्ध से सबके मन को समृद्ध करते हैं, उन्हें कोई कोट में सजाने के लिए, कोई जूड़े में खोंसने के लिए, कोई पूजा-पाठ के लिए बेरहमी से तोड़े यह बात मुझे उद्विग्न कर देती है। बहुत पहले जयशंकर प्रसाद भी बेचैन हुए थे—

मत कहो कि यही सफलता कलियों के लघु जीवन की

मकरन्द भरी खिल जायें तोड़ी जायें बेमन की

घूमते-घूमते मैं उद्विग्न हो उठा। किन्तु फूल ही तो नहीं हैं न, मन पागल हो तो उसे चिढ़ाने वाले पग-पग पर मिल जाते हैं। अब जिस रास्ते से हम लोग घूम रहे हैं, उस पर खड़े होकर कुछ लोग बातें कर रहे हैं, कुछ लोग हाथ-पाँव भाँज रहे हैं। लोग हैं कि उनसे बचकर अलग-बगल से चुपचाप निकल जा रहे हैं और मैं यह सोचकर उद्विग्न हूँ कि ये फूहड़ लोग क्यों नहीं समझते कि पार्क का यह रास्ता घूमने के लिए हैं, इस पर खड़े होकर बात करने के लिए नहीं। और जो लोग कतरा कर निकल जा रहे हैं वे क्यों नहीं उनसे वहाँ से हटने के लिए कहते। दो-एक बार तो मैं भी कतरा कर निकल गया, लेकिन लगा कि मैं भीतर-भीतर असहज हो रहा हूँ। सोचा-चलते-चलते इन्हें धक्का दे दूँ, लेकिन सभ्यता का 'लेकिन, हर बार सोच और क्रिया के बीच आ जाता है। आखिर चलते-चलते थोड़ी तल्खी के साथ मैंने कहा—"पार्क के बीच में भी तो बात हो सकती है।" उन्होंने मुझे अप्रिय दृष्टि से देखा और थोड़ा सरक कर रास्ता दे दिया।

इस पार्क में एक रास्ता ऐसा है जिसके एक ओर गुलाब के पौधे लगे हैं दूसरी ओर बेगमबेलिया की लताएँ उमड़ी हुई हैं। दोनों ओर काँटे। बेगमबेलिया की लताएँ उमड़-उमड़ कर पतले रास्ते के ऊपर छा जाती हैं जिससे निश्चित घूमना कठिन हो जाता है। लोग हैं जो इधर-उधर कतरा कर दामन बचाकर निरुद्वेग भाव से चले जाते हैं, लेकिन मैं अपने को क्या कहूँ? फिर वही पागलपन। चलते-चलते लगता है रास्ते मैं कुछ आ गया है। बेगमबेलिया कभी सिर से टकराती है और कभी हाथ से। उसके काँटे कभी कुर्ते में उलझते हैं कभी बाँह में चुभते हैं। टहलने के क्रम में में बढ़ी हुई टहनियों को तोड़ता रहता हूँ और टहलने वाले मेरे अगल-बगल से निकल जाते हैं। कोई मेरा साथ नहीं देता और न उनकी आँखों में मेरे इस कार्य के प्रति कोई भाव उतरता है। आज भी मैं टहनियाँ तोड़ रहा हूँ और इन्हीं बातों में उलझा हुआ हूँ।

यह पार्क पार्क ही नहीं है, पूजा-पाठ और धर्म-कर्म का क्षेत्र भी बनता जा रहा है। मैं देख रहा हूँ कि कुछ स्त्रियाँ, कुछ पुरुष बारी-बारी से आ रहे हैं और यहाँ-वहाँ आटा बिखेर रहे हैं। चीटियाँ खायेंगी और वे लोग सीधे स्वर्ग जायेंगे। सफेद कोढ़ की तरह तमाम चकत्ते यहाँ-वहाँ उगे हुए हैं। और उन्हें नहीं पता (और पता भी हो तो पार्क कौन उनकी निजी वस्तु है) कि उनके इस पुण्य कर्म से भूमि बंजर होती चली जायेगी, वनस्पतियाँ मुरझा जायेंगी और सौन्दर्य रुग्ण हो जायेगा। मैं उन्हें आज भी समझा रहा हूँ और दूसरे लोग या तो चुप हैं या मन-ही-मन सोच रहे हैं कैसा पागल आदमी है जो दान-पुण्य के कार्य में बाधा डाल रहा है।

चलते-चलते मैं उस नन्हें पीपल को देख रहा हूँ जिसके पास कुछ देवियाँ बैठी हुई पूजा-पाठ कर रही हैं, उसके नीचे दीये जला रही हैं और उसे रक्षा-सूत्र से बाँध रही हैं और फिर पूजा-सामग्री कूड़े की तरह बिखेर कर चली जा रही हैं। बेचारा

शिशु पीपल कई साल से रक्षा-सूत्रों से बँधा हुआ और दीयों की लौ का ताप सहता हुआ जस का तस है—यानी रुग्ण शिशु का रुग्ण शिशु। मैं लोगों से कहता हूँ कि कुछ ही दिनों में यह पूरा नन्हा पार्क पूजा-स्थल बन जायेगा। हम लोगों के घूमने के लिए यह जो एक छोटी-सी जगह मिली है वह भी नहीं बचेगी। लोग सुनते हैं और हँस कर हाथ पाँव भाँजने लगते हैं। शायद सोचते हैं—पूजा-पाठ के काम में दखल दिया जाय, यह भी कोई बात हुई। कैसा नास्तिक व्यक्ति है।

और जब मैं घूमकर घर लौटने लगा तो लगा कि घूमकर नहीं झगड़ कर लौट रहा हूँ—तन थका-सा है और मन भारी-भारी-सा। एकाएक कुत्तों के शोर ने मुझे चौंका दिया। देखा कई कुत्ते एक कुत्ते को घेर कर उसे नोच रहे हैं और वह अकेला कुत्ता बड़े ही दर्दनाक स्वर में रिरिया रहा है। लोग आ रहे हें जा रहे हैं इस दृश्य से बेखबर से, लेकिन मैं तो चलते-चलते रुक गया और आसपास पड़े ढेले उठा-उठा कर आक्रामक कुत्तों पर प्रहार करने लगा। बड़ी मुश्किल से कुत्ते अलग हुए और कुछ दूर जाकर भूँकते रहे। घायल कुत्ता रोता हुआ उठा और लँगड़ाता हुआ भागने लगा। मैं हाथ में ढेले लिए हुए कुछ देर तक वहाँ खड़ा रहा। जब स्थिति सुरक्षित हो गयी तब मैं घर की ओर लौटने लगा और इस दृश्य को मन से झाड़ फेंकने को कोशिश करने लगा, लेकिन कोशिश के बाद भी मैं उस घायल कुत्तों की रिरियाहट से मुक्त नहीं हो पाया। लगा कि वह लगातार मेरे भीतर बज रही है। आक्रामक कुत्तों पर बेहद गुस्सा आ रहा था। लेकिन दृश्य ने एकाएक पलटा खाया। सोचा-यह घायल कुत्ता भी तो अपनी गली में अपने साथियों के साथ किसी भटके हुए कुत्ते पर टूट पड़ता होगा। इस सोच ने मेरी बेचैनी कम कर दी और फिर एक चमत्कार हुआ कि इन कुत्तों के चेहरे आदमियों के चेहरों में बदल गये। शहर से गाँव तक, संसद से सड़क तक आदमियों के न जाने कैसे-कैसे चेहरे सामने आने लगे और मैं फिर टेंशन में आने लगा। घर पहुँचा तो बहुत थक गया था और अभी क्या, अभी तो पूरा दिन पड़ा हुआ है मुझसे टकराने के लिए। अपना मोहल्ला हो या शहर के और हिस्से, पैदल यात्रा हो या वाहन-यात्रा, गुज़रूँगा तो न जाने कैसे-कैसे फूहड़ दृश्य टकरायेंगे। लोग बचकर चुपचाप निकल जायेंगे जैसे कुछ देखा ही नहीं। निकल तो मैं भी जाऊँगा लेकिन अपना अन्तर मुझे कोसता रहेगा कि जूझे क्यों नहीं? जूझे क्यों नही? और शाम को प्रश्नों की एक गठरी सिर पर लादे लौटूँगा और रात को भी प्रश्न मुझे सोने नहीं देंगे।

और जब डॉक्टर पूछेगा तो कह दूँगा—"मुझे कोई टेंशन नहीं है। घर में सब ठीक-ठाक है।"

चिकित्सा

आज वह बहुत प्रसन्न था। घर आकर माँ के चरण छुए और बहुत उल्लास से उसके आगे दो हजार रुपये रखते हुए कहा—"माँ, यह तेरे बेटे की पहली अच्छी कमाई।"

"मुबारक हो, बेटा!" माँ ने हँसते हुए कहा। लेकिन माँ के चेहरे पर ख़ुशी की वह तरंग नहीं दिखाई पड़ी, जिसकी कल्पना उसने की थी।

"माँ, तुमने इतने कष्ट सहकर अपने बेटे को डॉक्टर बनाया। अब तुम्हारे बेटे की अच्छी कमाई होने लगी है। मैं चाहूँगा कि अब तुम इस छोटी-सी नौकरी से छुट्टी पा लो।"

"देखा जाएगा, बेटे। अभी तो मैं बहुत स्वस्थ हूँ।"

"माँ, स्वस्थ होने का सवाल नहीं है, सवाल प्रतिष्ठा का है। अब तुम्हारा बेटा बड़ा डाक्टर हो गया है। तुम्हारे आशीर्वाद से मेरा यश बढ़ने लगा है, मरीज़ बढ़ने लगे हैं, निरन्तर आमदनी बढ़ रही है, अब अच्छा नहीं लगता कि तुम निम्न स्तरीय सरकारी स्कूल में सड़ती रहो। देखो न, तुम महीने-भर में जो कमाओगी, वह मैं एक दिन में कमा लूँगा।"

"बेटे, इसी निम्न स्तरीय स्कूल ने हमें सहारा दिया है, अस्मिता दी है। नहीं तो सोचो—तुम्हारे पिताजी के गुज़र जाने के बाद हम कहाँ होते? यह शिक्षा की पहली भूमि है बेटे, यहीं बच्चों के चरित्र की बुनियाद पड़ती है। इसे पैसे के ख़याल से मत देखो। और पैसा? इसीके पैसे से तुम्हारी उस डॉक्टरी की पढ़ाई हुई है, जिसकी कमाई पर आज तुम गर्व कर रहे हो।"

"माँ, मजबूरी की बात और होती है। मजबूरी में तूने जो किया सो किया, अब तो तुम्हारे आराम के दिन हैं। अब क्यों गन्दे मोहल्लों में गन्दे बच्चों के बीच फँसी रहो? उनकी गन्दगी से न जाने कितने कीटाणु उड़कर स्वास्थ्य ख़राब करते हैं। आख़िर तुम्हें वहाँ क्या मिलता है?"

माँ मुस्कराई। लगा जैसे दर्द से मुस्करा रही हो। बोली—"बेटे, बहुत कुछ मिलता है। और मुझे तो यह चुभ रहा है कि तुम मेरे बेटे होकर यह सब कुछ कह रहे हो। मैंने तुम्हें यह संस्कार तो नहीं देना चाहा था। तुम्हें इन गन्दे ग़रीबों से इतनी घिन है तो इनका इलाज कैसे करोगे?"

"इलाज की बात और है, माँ। ये मेरे यहाँ आएँगे तो भगा तो नहीं न दूँगा। मुझे तो जो भी फीस देगा, उसका इलाज करूँगा।"

"मगर वे तुम्हारी फीस कहाँ से दे पाएँगे? इसलिए वे वैसे भी तुम्हारे पास नहीं आएँगे!"

"ठीक कहती तो, माँ!"

"हाँ लेकिन तुम ठीक नहीं कह रहे हो।"

"क्या, माँ?"

"वही, जो तुम कह रहे हो। जानते हो, इस देश की कितनी बड़ी संख्या है इन अभागों की? क्या उच्च शिक्षित लोगों का इनके प्रति कोई दायित्व नहीं होता? डॉक्टर इनका इलाज न करें, वकील इनका केस न लड़ें, शिक्षक इन्हें पढ़ाएँ नहीं, नेता और अफसर इन्हें अपने पास न फटकने दें, पुलिसवाले इन्हें कीड़े-मकोड़ों से बदतर समझें तो इनका क्या होगा? पैसेवाले इन्हें ग़रीबी और गन्दगी में झोंककर सारी सुख-सुविधाओं पर कुंडली मारे बैठे हैं। आख़िर यह कब तक चेगा? क्या इनके घावों पर फाहा रखने का दायित्व हम लोगों का नहीं होता?"

"वाह माँ, तुम तो कवि हो गयी हो। लेकिन आज कविता से काम नहीं चलता। और जिन्हें तुम ग़रीब कह रही हो, उनकी झुग्गियों में जाकर देखो, वहाँ क्या नहीं है।"

"देखा है, देखा है। झुग्गियों में जाकर तो नहीं देखा है, लेकिन स्कूल में झुग्गियों की व्यथा-कथा रोज़ देखती हूँ। और बेटे, इतनी स्थूल दृष्टि से दुनिया को मत देखो। तुमने कुछ झुग्गियों में रेडियो, टी.वी. आदि देख लिये तो समझने लगे कि वे बहुत अमीर हो गये। अरे, ये जो ज़िन्दगी जीते हैं, उसका ज़हर कुछ कम करने के लिए ये चीज़ें साधन हैं, ऐसा क्यों नहीं समझते? क्या उनके इतने छोटे से सुख से ऊँचे लोगों को जलन होने लगी और वे समझने लगे कि उनकी सारी समस्याएँ हल हो गयीं? तुम मेरे पुत्र हो और मैं चाहती हूँ कि तुम बीमारों को केवल डॉक्टर की दृष्टि से मत देखो, मनुष्य की भी दृष्टि से देखो।"

"ठीक है माँ, तुम्हारा बेटा हूँ, तुम्हारा आदेश सिर माथे।"

"आदेश? आदेश से तुम अभागे लोगों की सेवा करोगे? या उससे तुम्हें आत्मिक तृप्ति मिलगी?"

"माँ, तृप्ति का क्या प्रश्न है? सच बात तो यह है कि लोगों को वास्तविक तृप्ति अब पैसे से ही मिलती है—कोई कहे या न कहे। हर नौकरी, हर पेशा इसी तृप्ति को खोजता है। यदि यह तृप्ति मिलती है तो सेवा भी अच्छी लगती है। तुम्हारा आदेश है तो ग़रीबों से कुछ कम पैसे लिया करूँगा।"

"बड़ी कृपा करोगे, बेटे! और देखो, तृप्ति पैसे से नहीं होती, पैसे तो और अतृप्ति पैदा करते हैं। उससे थोड़ा मुक्त होकर कभी देखना, शायद आत्मतृप्ति का अनुभव हो जाये। नौकरी नौकरी होती है, पेशा पेशा होता है और आत्मतृप्ति

आत्मतृप्ति होती है।"

बेटा हँसा। बोला—"माँ आँ आँ! आज तुम्हें क्या हो गया है? तुम किस तृप्ति की बात कर रही हो।"

"बेटा, आज तुम्हें तृप्ति इस बात को हो रही है कि तुमने आज मरीज़ों से दो हजार रुपये प्राप्त किये और मुझे तृप्ति इस बात की हो रही है कि मैंने आज एक अभागे छात्र के लिए दो रोटी का इन्तज़ाम कर दिया। सुनोगे, आज मैं जिस तृप्ति से गुजरी हूँ?"

"सुनाओ, माँ?"

"तुमने कहा था न कि सरकारी स्कूल में बहुत गन्दे बच्चे आते हैं। हाँ, सचमुच बहुत गन्दे आते हैं। मेरी नौकरी तो कहती है कि उन्हें जो पढ़ा सकती हो, पढ़ाओ। पाठ न करके आने पर या कक्षा में प्रश्नों के उत्तर न देने पर उन्हें पीटो और आजिज़ आकर उन्हें गालियाँ दो—'जाओ नरक के कीड़ो, नरक में जाओ, पढ़ाई-लिखाई तुम्हारे वश की नहीं'। और अपनी तनख्वाह लो, मस्त रहो। काफी लोग ऐसा ही करते हैं। लेकिन पता नहीं बेटा क्यों, तुम्हारी यह माँ उनकी गन्दगी और उसके भीतर छिपी हुई गरीबी तथा लाचारगी देखकर थर्रा उठती है। उनके चेहरों पर सदियों से पुती हुई उदासी और आँखों में लिखा हुआ डर का सन्नाटा देखती है तो जी न जाने कैसा—कैसा होने लगता है। मैं सोचती रहती हूँ कि न जाने कितनी सीमाओं और दिमाग़ी जकड़बन्दी से निकलकर ये अभागे नयी राह पर चलने के लिए निकले हैं। शायद कुछ बन जाएँ। इनके लिए हम केवल शिक्षक नहीं होते, इनके अभिभावक भी होते हैं, इनकी अँगुली पकड़कर इन्हें कुछ दूर तक ले चलना है, ताकि ये बीच ही में कहीं गिर न पड़ें।"

"तो माँ!" बेटे ने मुस्कराते हुए कहा।

"बेटे, अब बीच में टोको मत, मैं कोई कहानी नहीं, बल्कि जीवित व्यथा सुना रही हूँ। हाँ, तो आज कुछ लड़के एक लड़के को पकड़कर ले आये। वह छटपटा रहा था। 'क्या है? इसे क्या हुआ है?' मैंने पूछा, तो वे बोले—'मैडम, इसके पेट में दर्द हो रहा है।'

"मैं अपने साथ हमेशा कुछ दवाएँ रखती हूँ। मैंने उसे अपने पास बैठाया। यह मेरा खाली घंटा था। उसे पेटदर्द का एक टेबलेट दिया और बोली—'बेंच पर आराम से लेट जाओ।' मैंने देखा, उसका दर्द बढ़ता ही जा रहा था। मैंने डाँटकर पूछा—'सुबह ऐसा क्या खा लिया था रे, कि इतना भयानक पेटदर्द शुरू हो गया? क्यों अंड-बंड चीज़ें खा लेते हो?'

"वह चुप रहा तो मैंने डॉटकर पूछा—'बोलता क्यों नहीं रे?'

"सहमते हुए उसने कहा—'मैडम, कल शाम से ही मैंने कुछ नहीं खाया।'

"क्यों?"

"'घर में खाने को कुछ था ही नहीं।'

"मैं स्तब्ध रह गयी। मैंने सोचा, जहाँ रोटी चिकित्सा हो वहाँ दवा क्या काम करेगी? चपरासी को पाँच का नोट देकर कहा—'इसके लिए कुछ केले और डबल रोटी ले आओ।'

"लड़के ने कुछ खाया। धीरे-धीरे उसके पेट का दर्द शान्त हो गया और उसके चेहरे पर एक हँसी उग आयी।

"'अब जाओ बेटा क्लास में।' कहकर उसे भेज दिया; लेकिन मैं देर तक मर्माहत बैठी रही। आँखों में आँसू आ गये थे।"

उसे लगा कि फिर रो पड़ेगी, इसलिए उसने दूसरी ओर मुँह फेर लिया।

"अब बताओ, बेटे..." उसने मुँह फेरकर बेटे से कुछ पूछना चाहा, किन्तु देखा कि वह तो वहाँ से उठ गया है और मुँह फेरकर आकाश में कुछ देख रहा है।

बेटी

ब्राह्मणों का गाँव माधोपुर। ओर जैसा हर गाँव में होता है दो-चार घर नाइयों के, धोवियों के, अहीरों के, चालीस-पचास घर हरिजनों के। वित्त के हिसाब से सामान्य गाँव। एक ब्राह्मण को छोड़कर सभी ब्राह्मण घर अभावग्रस्त। गाँव से दो किलोमीटर दूर गौरी नदी बहती थी। गौरी नदी और उसके गाँव के बीच एक लम्बी तलटी पड़ती थी जो बरसात में ताल बन जाती थी और अन्य महीनों में भी थोड़ा-बहुत पानी उसमें होता था। जाड़ों में पानी के आसपास मटर-तीसी आदि के रंग-विरंगे फूल खिले होते थे और वह तलहटी फूलों की घाटी लगती थी। लक्ष्मी उसमें अपनी छोटी-छोटी सहेलियों के साथ परी की तरह प्रायः विहार करती थी—हाँ परी की तरह। अभाव से लदी-फदी होने पर भी उस वय में मन में एक उमंग थी। वह हँसती-चहचहाती थी, सखी प्रकृति से बतियाती थी और न जाने क्या-क्या सपने देखती थीं।

उसके पिता थे, माँ थी, एक बड़ा भाई था। चार बीघे खेत थे। अब वह सोचती है इतने खेत कम नहीं होते कि उसमें चार आदमियों का ठीक से गुजर-वसर न हो सके। लेकिन तब जब समय से उनकी बोआई हो, सिंचाई हो और उनकी हिफाजत हो। तब उसके गाँव में यह कुछ भी तो सम्भव नहीं था। बरसात में बाढ़ आती थी। सारे खेत डूब जाते थे, समय पर पानी हटता नहीं था कि रबी की बोआई भी समय से हो सके और जिनके खेत इस लम्बे ताल में पड़ते वे तो गेहूँ बो ही नहीं पाते थे, पानी के आसपास तीसी-मटर आदि की भूठ फेंक आते थे। सिंचाई की कोई खास व्यवस्था नहीं थी। ताल के पानी का सहारा था या उस वर्षा का जिसका कोई निश्चय नहीं होता। समय से वारिश हुई तो ठीक नहीं तो फसल चौपट। कभी पाला मार गया, कभी ओला। और यदि फसल बची भी तो न जाने कौन कब काट ले जाये या मवेशी छोड़ दे चरने के लिए। सब कुछ ठीक-ठाक तो खलिहान में आग लगाने या लगने की आशंका बनी रहती थी। लोग अपनी दुश्मनी-न जाने कितनी तरह से निकालते थे। जब से वह इधर आयी है देख रही है कि चार-चार, पाँच-पाँच बीघे वाले भी खुशहाल हैं क्योंकि खेती की अनेक सुविधाएँ यहाँ उपलब्ध हैं और कोई अपनी दुश्मनी फसलों पर नहीं उतारता।

सारा गाँव प्रकृति के प्यार और क्रोध पर निर्भर रहकर सुख-दुख जीता रहता

था। गाँव में एक ही व्यक्ति थे—सुन्दर, जिनके पास पचास बीघे की खेती थी और कई लोगों के खेत उनके यहाँ रेहन रखे हुए थे। प्रकृति का प्रकोप बिगाड़ता तो उनका भी था लेकिन उस सीमा तक नहीं कि उनके घर उपवास होने लगे। उनके बखार अनाज से भरे होते थे कभी कम, कभी ज्यादा। और वे छोटे जमींदार के साथ बनिया भी थे, सूद पर कर्ज देते थे और वसूलते थे। उसके घर पर भी उनका कर्ज चढ़ा था।

पास के गाँव में मिडिल स्कूल तक की पढ़ाई होती थी। उसमें उसके गाँव के लड़के भी पढ़ने जाया करते थे। उन्हें स्कूल जाते देखती तो उसका मन ललकता कि काश, वह भी पढ़ने जाती। एक दिन उसने अपने पिताजी से कहा—''भइया के साथ मैं भी पढ़ने जाऊँगी।' पहले तो पिता ने मजाक में लिया किन्तु जब वह जिद करने लगी तो वे गम्भीर हो गये और बोले—'नहीं बेटी, लड़कियाँ कहाँ पढ़ती हैं? लड़कियों को पढ़ाई-लिखाई से क्या वास्ता? उन्हें अपना घर बसाना होता है।'' फिर भी वह जिद पर अड़ी रही। बोली—'मेरा बहुत मन करता है। पढ़ाई लड़कियों के लिए बहुत खराब है क्या बाबूजी?/खराब हो या अच्छी लेकिन लड़कियों को पढ़ने का चलन नहीं है। देखो सुन्दर तो इस गाँव के सबसे रईस आदमी हैं, उनकी बेटी कहाँ पढ़ने जाती है?''

''उसका पढ़ने का मन नहीं होता। उसके बाप उसे पढ़ायें तो भी नहीं पढ़ेगी। उसे तो अपने साज-सिंगार और घमंड से फुरसत नहीं मिलती लेकिन मेरा तो मन होता है पढ़ने का। मुझे पढ़ाइये तो मैं पढ़ूँगी।' लेकिन उसकी बात को उसके पिताजी गम्भीरता से लेते ही नहीं थे। वैसे वे थे बहुत सदाशयी और उसे बहुत प्यार करते थे किन्तु उसे स्कूल भेजकर सबकी नजरों में चढ़ना नहीं चाहते थे और लड़की को दूसरे गाँव के स्कूल में भेजना भी तो अच्छा नहीं था। वह गाँव था जहाँ इस गाँव की बेटियाँ ब्याही गयी हैं। वहाँ के लौडे यहाँ की लड़कियों से छेड़खानी करना अपना अधिकार समझते हैं और छेड़खानी करते-करते कोई बदतमीजी कर बैठे तो? आखिर वह दस साल की हो रही है।

इसलिए वह स्कूल नहीं जा सकी लेकिन वह अपने भाई से वर्णमाला सीख गयी और उसकी पुस्तकों के सहारे थोड़ा पढ़ना सीख गयी। शायद थोड़ा और कुछ सीख जाती लेकिन उसका भाई शिवनाथ पढ़ने में बोंदा निकला और मास्टरों की पिटाई से तंग आकर दर्जा चार तक जाते-जाते पढ़ाई छोड़ बैठा। पिताजी ने बहुत समझाया—''बेटा पढ़ाई मत छोड़ो, थोड़ी मेहनत करो, मास्टरों की छड़ी से विद्या बरसती है उसका बुरा नहीं मानना चाहिए। पढ़-लिख लोगे तो कुछ बन जाओगे, इस घर की हालत सुधर जायेगी।'' लेकिन भाई पढ़ाई के लिए तैयार नहीं हुआ। बोला—'बाबू, अरे मास्टर की छड़ी देखते ही मेरा तो रहा-सहा ज्ञान भी हवा हो जाता है और आप कहते हैं कि उससे विद्या बरसती है। अरे मेरा वश चले तो उस मास्टर

के बच्चे को पचास जूते लगाऊँ, वह आदमी नहीं जल्लाद है।''

पिताजी मनाते रहे और भाई ने पढ़ना छोड़ा तो छोड़ ही दिया। उसे बड़ा अजीब लगा—कैसे हैं लोग कि वह पढ़ने की कह रही है तो उसे मना किया जा रहा है और भाई पढ़ने से भाग रहा है तो उसे पढ़ने के लिए मनाया जा रहा है। ऐसा क्यों हो रहा है? लोगों के पास एक ही उत्तर है कि वह लड़की है। लड़की होना कोई पाप है क्या?...कोई पाप है क्या?

लड़की, स्त्री...उसके भीतर बचपन से ही ये 'शब्द' कुछ बहुत डरावने रूप में साकार होते रहे हैं और एक सवाल पैदा करते रहे हैं कि यह सब क्या है? उसने देखा है—बार-बार देखा है कि उसके पड़ोस में नयी बहू की पिटाई हो रही है, एक साथ सास, ननद, पति सभी पिले हुए हैं। गालियों की बौछार हो रही है, धम्म-धम्म की आवाजें आ रही हैं और बहू की कुरूप चीख आसमान फाड़ती हुइ उठ रही है।

वह अपनी माँ से पूछती है—''ये लोग क्यों मारते हैं माँ?''

''अरे बेटी ये लोग कहते हैं कि उसे कोई गुन-ढंग नहीं आता, फूहड़ है।''

''मुझे तो नहीं लगता माँ! मुझे तो वह बहुत प्यारी लगती है। कैसे प्यार से बातें करती है हम लोगों से।''

''हाँ वैसे प्यारी तो मुझे भी लगती है। लेकिन अन्दरूनी बात कौन जाने।''

''लेकिन माँ, वे अपनी बेटी को कुछ क्यों नहीं कहते जो नम्बरी फूहड़ है—एकदम निकम्मी और बेसऊर।''

''ठीक कहती हो बेटी, लेकिन उसे क्यों मारेंगे? वह अपनी बेटी है न?''

''तो वह बहू किसी की बेटी नहीं है क्या माँ?'

''है क्यों नहीं? लेकिन लोग इसे समझते कहाँ हैं? बेटी-बहू में फर्क बना ही रहता है।''

''तुम भी यह फर्क बनाये रखोगी माँ, जब भइया भाभी लायेगा?'' माँ ने उसकी ओर आहत नजरों से देखा और चुप रही।

''बोलो न माँ तुम चुप क्यों हो?''

''बेटी फर्क है तो सही। वह आती है घर सँभालने के लिए और बेटी को दूसरे घर जाना होता है। अपने बाप के घर में जितना खा-पहन सकती है, खेल-कूद सकती है उसकी छूट तो देनी ही चाहिए।''

''और वही बेटी जब दूसरे घर जाकर पिटती है तब हर माँ को बेटी-बहू का भेद भूल जाता है। हर माँ यही चाहती है कि उसकी बेटी तो दूसरों के घर में सुख से रहे लेकिन दूसरे की बेटी उसके घर में नरक भी भोगे तो कोई हर्ज नहीं। यही न माँ। पड़ोसी की फूहड़ बेटी ससुराल जायेगी तो उसका क्या हाल होगा यह चिन्ता इन लोगों को नहीं है, चिन्ता खाली बहू में दोष निकालने और पीटने की है।''

''बेटी तू तो न जाने कैसे-कैसे सवाल पूछती है। तुझे कौन सिखाता है? अरे

जो हो रहा है और होता आया है वह चलेगा ही बेटी, उसके लिए इतना माथा मारने की क्या जरूरत?'

"...मुझे कोई नहीं सिखाता माँ। यों ही मेरे भीतर ये बातें उठती रहती हैं और माँ, मुझे लगता है कि जो लड़कियाँ मायके से काफी कुछ लेकर आती हैं और हमेशा कुछ न कुछ वहाँ से आता रहता है वे सतायी नहीं जातीं, यानी कम सतायी जाती हैं। इसका मतलब तो यही हुआ न माँ कि गरीबों की लड़कियों की ससुराल में कोई इज्जत नहीं है और पिटती रहती है।"

"ठीक कहती है बेटी। वैसे वे भी पिटती हैं लेकिन कम।"

"तो माँ, क्या मैं भी पिटूँगी? मैं भी गरीब घर की ही बेटी हूँ।"

"नहीं बेटी, ऐसा अशुभ मुँह से न निकाल।"

"और भाभी आयेगी तो उसे तुम लोग पीटोगे?"

"अरे आज तुझे क्या हो गया है रे? जा खेल मुझे रुला मत।"

उसने देखा, माँ की आँखों में आँसू आ गये हैं।

"अरे मैंने तुझे रुला दिया न माँ। देख माँ, कान पकड़ती हूँ तुझे नहीं रुलाऊँगी।" और माँ खिलखिलाकर हँस पड़ी।

लड़कियाँ कभी-कभी उसे छेड़ती थीं—"तुझे क्या होता है रे लछिमी। हँसती-खेलती गाती-बजाती एकाएक उदास हो जाती है।"

"अरे नहीं कुछ नहीं, उदास कहाँ होती हूँ?"

वह कह तो जाती लेकिन वह सोचती—सच तो है वह हँसती-खेलती किसी बात पर एकाएक उदास हो जाती है। लेकिन वैसे वह खूब खेलती थी, गाती-बजाती थी, अपनी सखियों में वह सर्वाधिक उत्साह से सब काम करती थी इसलिए उनके बीच बहुत प्रिय थी बल्कि उनकी नेता थी। वह पारिवारिक अभाव में भी मस्त थी, उसकी सखियाँ भी मस्त थीं। क्या दिन थे वे? वह अतीत में डूब गयी—

ऋतुएँ आती थीं और हम सभी उनके साथ हो लेती थीं। सावन आता था। आम की डाली में झूला डालकर हम घंटों झूलती थीं। कजली गाती थीं। आसपास धान के खेत लहराते थे। पुरवाई पौधों को, हमारे बालों और आँचल को लहराती हुई उड़ती रहती थी। हमारे रोम-रोम में एक सिहरन भर जाती थी। रिमझिम-रिमझिम... भीगती थीं और बारिश तेज होते ही भाग चलती थीं। पाँवों में मेंहदी लगाती थी। नागपंचमी के दिन तो हमारे उल्लास की सीमा नहीं रहती थी। अपने फटे-पुराने कपड़े ही धानी रंग में रंगकर हम नयी हो उठती थीं। फिर आता था—राखी का त्योहार, फिर तीज, जिउतिया, छट्ठ। पता नहीं कितने तो त्योहार थे बरसात की ऋतु में। हम स्वयं त्योहार बन जाती थीं।

एक थीं शोभा बुआ। पद में बुआ थीं और उम्र में हम लोगों से सात साल बड़ी होंगी यानी सत्रह की रही होंगी। कितनी गुनी थीं! खूब गाती-बजाती थीं,

सीना-पिरोना भी उन्हें खूब आता था, खाना भी खूब अच्छा बनाती थीं। उसके होने से त्योहार-पर्व में एक गहमागहमी आ जाती थी। अत्यन्त गरीब घर की इस बुआ ने पता नहीं कहाँ से इतना उत्साह पाया था। शोभा बुआ की अपनी सखी-मंडली थी किन्तु हम लोग भी उस मंडली में शरीक होते रहते थे और वे बड़े प्यार से हमें अपने दायरे में समेट लेती थीं।

इस साल उनकी शादी हो गयी। हम लोग बहुत उत्साह में थे कि शोभा बुआ की शादी हो रही है। उनके दूल्हे को देखने की बड़ी ललक भर आयी थी। इस सुन्दर-सी, उत्साह की तरंग-सी बुआ का दूल्हा कैसा होगा? मन में कुछ वैसे ही दूल्हे की तस्वीर उभर रही थी। द्वारपूजा के समय हम लोग बहुत उमंग से दूल्हा देखने पहुँचे और देखकर दंग रह गये कि दूल्हे की जगह पचास साल का एक मरद बैठा हुआ है। मैं बार-बार उसके चेहरे को देखती रही। वह चेहरा मेरे भीतर अँट नहीं पा रहा था—सख्त तिकोना-सा चेहरा, पतला-सा ललाट, मिचमिची आँखें, आगे की ओर खूब फैली हुई नाक। 'शोभा बुआ का पति यही है।' बार-बार मेरे मन में सवाल उठता। देखा सखियाँ भी परेशान हैं। कुछ लड़कियाँ मिस्की मार-मारकर हँस रही थीं, कुछ औरतें बातें कर रही थीं—लड़की को बोर दिया रघुनाथ बाबा ने।

कैसा लगेगा शोभा बुआ को? क्या किसी ने बताया नहीं होगा? बताया भी हो तो क्या कर लेंगी? औरत तो गाय है न, जहाँ बाँधो बँध जायेगी। मैं वहाँ ठहर नहीं सकी। घर आ गयी। माँ से बताया तो माँ कुछ चुप रही। लगा जैसे भीतर-भीतर किसी जाल में फँस गयी हो।

"रघुनाथ बाबा बहुत गन्दे आदमी हैं, उन्होंने शोभा बुआ जैसी सुन्दर लड़की को एक खूँसट बूढ़े के साथ ब्याह दिया। उनकी शक्ल देखने की इच्छा नहीं होती।" मैं बड़बड़ा रही थी और बड़बड़ाते-बड़बड़ाते रोने लगी।

"बेटी, रघुनाथ बाबा गन्दे नहीं हैं। कोई नहीं चाहता अपनी बेटी को कुएँ में डालना लेकिन...।"

"लेकिन क्या माँ?"

"बेटी गरीबी सबसे गन्दी चीज हैं वही आदमी से बहुत से गन्दे काम कराती है। तुम्हें क्या पता कि रघुनाथ बाबा कितने दिनों से शोभा के लिए वर खोज रहे थे। दरिद्र-दरिद्र लड़कों के घरवालों के भी मिजाज चढ़े हुए थे। इतना माँगते थे कि रघुनाथ बाबा दे न पाये। उनके पास है क्या? दो बीघा जमीन है। एक बीघा बेच दें या रेहन रख दें तो दहेज के पैसे मिल सकते हैं, फिर पूरा घर खायेगा क्या? उन पर तो यों ही कर्जा चढ़ा हुआ है।"

"तो?" चकित भाव से मैं माँ को देखती रही।

"इसलिए उन्होंने बूढ़े वर को चुना है। इसके यहाँ अच्छी खेती-बारी है। शोभा के खाने-पीने की चिन्ता नहीं रहेगी। ढंग से खायेगी-पहनेगी। बाप को बेटी का यह

सुख भी तो देखना पड़ता है।''

मैं क्या कहती? माँ का कथन मेरे भीतर अँटा नहीं और माँ ही कौन अपने कथन से सन्तुष्ट नजर आ रही थी। मैं उदास-उदास घूमती रही। शोभा बुआ कई दिन से जोर-जोर से रो रही थीं मालूम हुआ कि शादी में ही उनकी विदाई हो जायेगी। मुझे लगा कि बारात आने के बाद से उनकी रुलाई का दर्द बढ़ गया है। मरजाद के दिन हम लोग उन्हें घेरकर बैठी थीं। बुआ रह-रहकर द्रवित हो उठती थीं। मैंने कहा—''बुआ सावन में आइयेगा न?'' उन्होंने एक अबूझ आँखों से मुझे देखा। शायद कह रही थीं—''क्या कह सकती हूँ।'' ''बुआ आयेंगी न? आपके बिना सावन का मजा नहीं आयेगा।'' वे थोड़ा मुस्करायीं और बोलीं—''आऊँगी रे'' हम सभी सखियाँ खुश हो गयीं।

दूसरे दिन बुआ चल गयीं। उनके रोने से रन-वन खहरा रहा था। चिल्लाहट का एक हाहाकार वातावरण में व्याप्त हो गया था। हाहाकार लिए वे चली गयीं किन्तु वातावरण रह-रहकर सुबकता रहा।

एक थीं मैना दीदी। उनके पिता हरिहर काका ने खेत रेहन रखकर उनकी शादी बड़े धूमधाम से की थी। मैना दीदी भी बड़ी गुनी थीं और उम्र में बड़ी होने पर भी हम लोगों से खूब हिली-मिली थीं। हम लोग बात करते थे कि मैना दीदी अपनी ससुराल में जाकर इतनी रम गयी हैं कि हम लोगों की सुधि ही नहीं ली। बहुत सुखी होंगी। उनका दूल्हा भी तो कितना सुन्दर था। दोनों एक-दूसरे से खूब प्यार करते होंगे। हम लोगों को उनकी बहुत याद आती थी। एक दिन सुना कि वे आयी हैं। हम लोग बड़े हुलास से उन्हें देखने गये। देखते ही सन्न रह गये। यह कौन है? क्या मैना दीदी हैं? चारपाई पर लेटी हुई एक लाश।

''दीदी।'' मैंने धीरे-से पुकारा।

उन्होंने अपनी आँखें खोली। 'हे प्रभो, क्या हो गया दीदी की प्यारी-प्यारी जगमगाती आँखों को। ये किसकी आँखें हें जिनमें रोशनी नहीं है और डर का एक भयानक जंगल हहरा रहा है।

वे कुछ देर तक हमें देखती रहीं, फिर पलकें अपने आप बन्द हो गयीं, लम्बी-लम्बी साँस चल रही थी। वे रह-रहकर कराह रही थीं। मैंने धीरे से उनका हाथ छुआ, जल रहा था जैसे आग। काकी आयीं। ''दीदी को क्या हो गया काकी?'' मैंने पूछा।

''ससुराल के राक्षसों की देन है बेटी।'' और वे झर-झर-झर रोने लगीं।

दीदी की आँखों से भी आँसू झर रहे थे। उनकी आँखें फिर खुलीं। बोलीं—अब मैं जा रही हूँ लक्ष्मी।''

''ऐसा मत बोलो दीदी।'' मैं बिलख उठीं।

हम लोग चलने लगे तो दीदी ने कराहते हुए कहा—'लक्ष्मी, एक बात मानोगी?''

''कहो तो दीदी।''

"बहना, ससुराल मत जाना।"

हम स्तब्ध रह गये। और समझ गये कि ससुराल में दीदी के ऊपर क्या बीती है।

दो दिन बाद काकी के घर रोने का कुहराम मचा तो मालूम हुआ कि दीदी नहीं रहीं। हम सबके भीतर ससुराल के नाम पर एक भय समा गया।

एक थीं सुहानी बुआ। उनके पिता ने भी बड़े धूमधाम से उनकी शादी की थी। तब मैं चार साल की रही हूँगी। बुआ की ससुराल पास में ही थी वे अक्सर आती-जाती थीं। हम लोग उनसे बार-बार मिलकर बहुत प्रसन्न रहते थे। वे बहुत अच्छी थीं। वे बहुत सामाजिक थीं। गाती-बजाती तो थीं ही मेले-हटिये में भी हमें साथ ले जाती थीं। सगुन उचारती थीं, किस्से-कहानियाँ सुनाती थीं और किसी का सिर दुखता था तो मन्त्र पढ़-पढ़कर देर तक दबाती थीं। पाँच साल बाद वे एक बार आयीं तो ससुराल जा ही नहीं रही थीं। मैंने माँ से पूछा तो माँ टाल गयी। लेकिन धीरे-धीरे मालूम हो गया कि बुआ ससुराल छोड़ आयी हैं। इन्हें छः साल तक कोई बच्चा नहीं हुआ तो इनकी सास ने इनके पति की दूसरी शादी कर दी और बुआ सौत के साथ रहने के स्थान पर अपने मायके चली आयीं—अपनी माँ के पास। अब दोनों औरतें जीवन जीने के लिए खेतों में संघर्ष कर रही हैं।

शोभा बुआ, मैना दीदी, सुहागी बुआ और न जाने कितनी बुआएँ और दीदियाँ उसके भीतर उतरती गयीं और औरत उसके लिए एक करुण कथा बनती चली गयी। जब और लड़कियाँ इसे एक नियति मानकर सवालों से मुक्त होकर हँसती-गाती थीं और शादी-ब्याह के साथ हो लेती थीं तो वह इन सब बातों से परेशान हो जाती थी और अपने आप से पूछती थी कि क्या कोई रास्ता नहीं है इनसे निकलने का? क्या स्त्रियों को दूसरा ईश्वर पैदा करता है या उसके यहाँ नारी-पुरुष के लिए दो नियम हैं? उस किशोरावस्था में उसमें न तो सवालों को ठीक से समझने की शक्ति थी, न उसका चिन्तन इतना विकसित था कि वह इनका हल ढूँढती, बस इस विषमता के अनुभव का बोझ महसूस करती थी और अपने भीतर ही तड़प-तड़पकर चीखती थी—ऐसा क्यों है? और कहीं उसे लगता था कि औरतों को भी पढ़ना चाहिए। उसका स्वयं का मन तो पढ़ने को आतुर था ही, वह औरतों की पढ़ाई को कहीं उनकी बेहतरी से भी जोड़ देती थी। वह अक्षर-ज्ञान प्राप्त कर विद्या की प्यास लिए भटकती फिरती।

माँ-बाप से वह बार-बार कती कि वह पढ़ना चाहती है लेकिन वे हँसकर टाल जाते। भाई ने तो पढ़ना छोड़ दिया था लेकिन वह भाई की पुस्तकों का बस्ता बनाकर अपने पास रखती थी और उनकी ऊष्मा महसूस करती थी। कभी-कभी वह कोई किताब खोलकर पढ़ती थी—अक्षरों को जोड़-जोड़कर धीरे-धीरे पढ़ना उसे आ गया था। एक दिन एक पाठ उसके सामने खुल गया। उस पर गाँधीजी, दयानन्द

सरस्वती और कई महापुरुषों के चित्र बने थे। उसे लगा कि यह जरूर कोई अच्छी चीज होगी। शीर्षक था 'नारी शिक्षा'। लिखा था—'हमारे देश की स्त्रियों को भी जागना चाहिए। उन्हें पुरुषों के कन्धे से कन्धा मिलाकर चलने की जरूरत है। लेकिन वह तभी होगा जब उनकी शिक्षा-दीक्षा हो। शिक्षित होकर ही वे वीर माता, वीर पत्नी, वीर पुत्री और देश की सेविका बन सकती हैं। शिक्षा ज्ञान देती है, वह अपने पाँव पर खड़ा होने की ताकत देती है। जब तक हमारे देश की स्त्रियाँ शिक्षित नहीं होतीं उनमें जागृति उत्पन्न नहीं होगी और वे दुर्दशा भोगती रहेंगी। इसीलिए स्वामी दयानन्द सरस्वती, राजा राममोहन राय और गाँधीजी आदि महान नेता नारी-शिक्षा पर इतना बल दे रहे हैं।'

यह पाठ बार-बार पढ़कर वह उल्लसित हो गयी। बड़े हुलास के साथ पिताजी के पास गयी। वे माँ से कुछ खुसुर-फुसुर बतिया रहे थे। उसे उल्लसित देखकर बोले—"क्या बात है बेटी, आज बहुत खुश दिखाई दे रही है।"

"आपकी बेटी नाखुश कब रहती है पिताजी? लेकिन आज एक विशेष बात है।"

"वह क्या विशेष बात है?"

"आप गाँधीजी को मानते हैं न पिताजी।"

"अरे बेटी वे तो महात्मा हैं—उन्हें तो पूरा देश मानता हैं वे अपना सब कुछ छोड़-छाड़कर देश की आजादी की लड़ाई लड़ रहे हैं। ऐसे महापुरुष को पूरा देश मानता है, मैं तो उनकी पूजा करता हूँ।"

"तब आप उनकी बात क्यों नहीं मानते?"

"कौन-सी बात बेटी?"

"देखिए, इस किताब में क्या लिखा है? लिखा है कि देश की, समाज की उन्नति चाहते हो तो स्त्रियों को शिक्षित करो। शिक्षा प्राप्त करके स्त्रियों की उन्नति जब तक नहीं होगी तब तक देश और समाज की उन्नति नहीं होगी।"

"तो क्या तू पढ़ लेती है बेटी?"

"हाँ, भइया की किताब से मैंने पढ़ना सीख लिया।"

"अरे एक तू है कि अपने आप इतना कुछ सीख गयी और एक नालायक यह है कि इतना ठेलने के बाद भी एक कदम आगे नहीं बढ़ा। परुवा बैल की तरह एक स्थान पर गिरा और वहीं थमथमथाकर बैठा रह गया।"

"लेकिन इससे क्या हुआ पिताजी! मैं भी तो आपकी सन्तान हूँ। भइया नहीं पढ़ सके तो क्या हो गया, मैं तो पढ़ना चाहती हूँ, मुझे क्यों नहीं पढ़ाते?"

"लेकिन बेटी, हमारे समाज में बेटियों को..."

"ना, ना पिताजी...गाँधीजी ने कहा है...।"

पिताजी हँसने लगे—"शैतान कहीं की।"

"अरे स्कूल भेज दीजिये न, जब बेटी इतना कहती है।" माँ ने कहा।

''हाँ जब गाँधीजी ने कहा है तो भेजना ही पड़ेगा। गाँधीजी गलत बात थोड़े ही कहेंगे।'' और वह ग्यारह साल की लड़की स्कूल जाने लगी।

स्कूल पास के गाँव टाड़ा में ही था। लक्ष्मी के घर के आसपास के लड़के भी वहाँ पढ़ते थे। जब उसने उनसे कहा—मैं भी कल से तुम्हारे साथ पढ़ने चलूँगी, तब सभी हँसने लगे थे।

''अरे तुम लोग मजाक समझते हो में सच्ची कह रही हूँ।''

''अच्छा भाई चलना।'' टालने की गरज से सबने कहा।

जब दूसरे दिन वे चलने लगे तो देखा कि लक्ष्मी सचमुच बस्ता लटकाये अपने पिताजी के साथ स्कूल जा रही है। अब तो सभी उसके साथ हो लिए।

हेडमास्टर साहब पहले तो थोड़े बिदके और बोले—'देखिए दुबेजी—इस स्कूल में कोई लड़की पढ़ती नहीं है।'

''तो क्या हो गया मास्टर जी, यह तो पढ़ने आयी है।''

''हाँ पढ़ने तो आयी है लेकिन।''

''लेकिन क्या मास्टरजी, गाँधीजी ने कहा है कि लड़कियों को शिक्षा देनी चाहिए। बिना उनकी शिक्षा के समाज उन्नति नहीं कर सकता।'' कहते हुए लक्ष्मी ने वह लेसन खोलकर दिखा दिया।

'अच्छा, तो तू पढ़ना जानती है?''

''हाँ मास्टरजी, घर पर ही थोड़ा-सा लिखना-पढ़ना सीख लिया है।''

''कैसे?''

''भइया की किताब से।''

''यह तो बहुत अच्छी बात है। मैं तुम्हें जरूर दाखिला दूँगा लेकिन मैं जो 'लेकिन' कह रहा था वह यह कि तुम अकेली पड़ जाओगी, यहाँ तुम्हारी कोई सखी-सहेली नहीं है।''

''कोई बात नहीं मास्टरजी, मैं लड़कों से डरती थोड़े न हूँ। उनके साथ खेल-कूद लूँगी।''

मास्टर साहब ने उसकी थोड़ी परीक्षा लेकर पहली कक्षा में नाम लिख लिया।

वह पढ़ने में तेज थी। मास्टरजी कोई सवाल पूछते तो वह फट से हाथ उठाती। जब किसी लड़के को उत्तर नहीं आता तो उससे पूछा जाता और वह बता देती। मास्टर साहब कहते-'देखो लड़की होकर इसने बता दिया और तुम लोग लड़के होकर भी बुद्धू हो।'

लड़के वहाँ तो कुछ नहीं बोलते लेकिन रास्ते में आपस में बात करते—''अरे यह उत्तर बता देती है तो कौन-सा तीर मारती है? हम लोगों से कितनी बड़ी है। इतनी बड़ी होकर एक में पढ़ रही है तो बतायेगी नहीं।''

वह उनसे प्रतिवाद करती—"बड़ी होने से क्या होता है, पढ़ाई तो मैंने तुम लोगों से बाद में शुरू की है।"

और उसे लग रहा था कि मास्टरजी उसकी बड़ाई करके ठीक नहीं कर रहे हैं। एक तो लड़के उससे अपमानित अनुभव कर उससे जलने लगे हैं दूसरे पंडितजी की बात में यह बात छिपी लगती है कि लड़कियाँ लड़कों से स्वभावतः कमजोर होती हैं और यहाँ उलटा हो रहा है। उसके बालमन में भी यह बात अँट नहीं पाती थी लेकिन फिर भी अपनी बड़ाई हर बच्चे को अच्छी लगती है, उसे भी अच्छी लगती थी। माँ ने समझाया था—"बेटी, स्कूल वाले गाँव में हमारे गाँव की कुछ लड़कियाँ ब्याही गयी हैं। इसलिए सँभलकर रहना।"

"'सँभलकर रहना' का क्या मतलब माई?"

"बेटी कुछ खास नहीं। अरे रिश्तेदारों का गाँव है। बच्चे हँसी-मजाक कर सकते हैं।"

"सिर नहीं तोड़ दूँगी जो मुझसे बदतमीजी करेगा उसका।"

"अरे नहीं बेटी ऐसा मत करना। बदनामी होगी।"

उसकी क्लास के बच्चे तो छोटे थे। वे कुछ समझते नहीं थे किन्तु बड़ी क्लास के कुछ बच्चे उस पर कभी-कभी कुछ शब्द फेंकते रहते थे। एक दिन आधी छुट्टी में वह अकेली बैठी कुछ खा रही थी। दर्जा चार के एक लड़के ने कहा—'अरे, अकेले-अकेले खाओगी?'

उसने उस लड़के को घूरकर देखा। वह मुस्कराने लगा। फिर बोला—'सुना है तुम बहुत तेज हो।'

"तो?" उसने जोर से कहा था।

"तो क्या, देखो मैं भी बहुत तेज हूँ। मेरी-तुम्हारी जोड़ी बहुत अच्छी रहेगी।"

उस लड़के के पास दो-चार और लड़के आ गये और भद्दे ढंग से मुस्कराने लगे।

उसे बहुत बुरा लगा। वह खाना छोड़कर उस लड़के को घूरकर देखने लगी।

"नाराज हो गयीं क्या?"

वह उठकर चलने लगी तो वह लड़का बोला—"तो जोड़ी वाली बात का क्या हुआ?"

वह रुक गयी और घूमकर उस लड़के की ओर मुँह करके खड़ी हो गयी, झटके से एक थप्पड़ खींचकर मारा और उसकी टाँग में ऐसा धक्का दिया कि वह गिर पड़ा। देखते-देखते अच्छा-खासा तमाशा बन गया। लड़के जुट आये और वह सीधे क्लास में चली गयी। हेडमास्टरजी ने बच्चों में हलचल देखी तो वहाँ पहुँच गये। फिर उसे बुलाया। पूछा-'क्यों लक्ष्मी, बच्चे कह रहे हैं कि तुमने त्रिलोकी को मारा है।"

"हेडमास्टर साहब, बच्चे यह नहीं बता रहे हैं कि वह मुझे गाली दे रहा है?"

"क्यों बे, तुमने इसे गाली दी है" और सबसे अधिक शिकायत करने वाले

लड़के को दो झापड़ रसीद करते हुए कहा—''नालायक अधूरी रिपोर्ट करता है।'' फिर उस लड़के से पूछा-''तुमने इसे गाली दी है?''

''नहीं हेडमास्टरजी, मैंने गाली नहीं दी। इसने यों ही मुझे थप्पड़ मार दिया और ढकेल दिया।''

''अच्छा तो यह लड़की पागल हो गयी है कि चलते-चलते तुझे थप्पड़ मार देगी।'' फिर वे उसकी ओर मुड़े और बोले—'इसने क्या गाली दी बेटी!''

उसने सारा वाकया बता दिया तो हेडमास्टरजी गुस्से में आ गये—'क्यों बे, यह गलत कह रही है?''

''मास्टरजी, हमारे-इनके गाँव में नाता ही ऐसा है कि हमें इतना कहने का हक बनता है।''

''अच्छा तो स्कूल को तुमने नाता-रिश्ता निभाने का स्थान समझ लिया है। अभागे, यह विद्या का पवित्र मन्दिर है, यहाँ सब लोग विद्यार्थी हैं, कोई किसी का साला-बहनोई, साली-सलहज नहीं लगता। समझे?'/फिर उन्होंने उस लड़के को दो झापड़ मारकर कहा—''जा भाग, क्लास शुरू हो रही है।'' पूरे स्कूल में अकेली लड़की होने की वजह से वह विशिष्ट थी ही, उस दिन से और भी विशिष्ट हो गयी।

गाँव के लड़कों ने घर आकर सारा किस्सा बताया तो माँ ने समझाया—''नहीं बेटी, इस तरह मारपीट नहीं करते।'' भाई तो बौखला गया। बोला—''बता तो बहना वह कौन है, उसे ठीक करता हूँ।'' पिताजी ने उसे शान्त किया और बोले—''तुम क्यों परेशान होते हो बेटे, उसे तो मेरी बेटी ने ही ठीक कर दिया है।'' और हँसने लगे।

''चढ़ा लो, चढ़ा लो बेटी को सिर पर। हाथ में तलवार थमा दो। जब दूसरे के घर जायेगी तब मालूम पड़ेगा।''

''अरे तुम काहे परेशान होती हो। बेटी दूसरे के घर जायेगी तो क्या उसे ऐसा कायर बना दिया जाये कि वह जिस-तिस से अपमानित होती रहे। मार खाती रहे।''

उस दिन से स्कूल में लड़के उससे सावधान रहने लगे। लेकिन स्कूल आते-जाते उस गाँव के दूसरे लड़के कुछ-न-कुछ रिमार्क कस दिया करते थे। वह अपने गाँव के लड़कों के झुंड के साथ होती, इसलिए कोई लड़का बदतमीजी करने की हिम्मत तो नहीं करता लेकिन बोली-ठोली भी उसे बहुत बुरी लगती। फिर भी वह कुछ कहती नहीं। कहना होता तो लड़के ही जवाब दे लेते।

वह कल्पना करती है कि उस छोटी-सी उम्र में उसने यह सब कुछ कितना बर्दाश्त किया लेकिन फिर सोचती है कि छोटी उम्र में ही बर्दाश्त हो सकता था क्योंकि उस उम्र में बच्चा होने के सिवा और कोई बोध ही नहीं होता। लड़की होने की सारी स्थिति तो उसे सिखायी जाती है। लड़की के साथ सारी शारीरिक-मानसिक विवशताओं का बोध तब उसे कहाँ होता है? यदि बोध होता तो गयारह वर्ष की लक्ष्मी इतने निर्भीक रूप से बेटहा रिश्तेदारों के गाँव में पढ़ने क्यों जाती? इतने

अकुंठ भाव से वह इतने लड़कों के बीच में कैसे पढ़ती-लिखती, खेलती-कूदती, लड़ती-झगड़ती? गाँव वाले लौंडों की बोली-ठोली सुनकर भी कैसे उसे रौंदती चली जाती? ज्यों-ज्यों जवानी पास आती है विवशताओं का बोध बढ़ता जाता है और संकोच अपने वांछित कार्य के रास्ते में भी आ जाता है।

अच्छे-बुरे रूप में गाँव-जवार के लोगों में उसकी पढ़ाई की चर्चा होने लगी थी। वह अपढ़ों का गाँव था। मिडिल स्कूल से आगे कोई नहीं जा सका था। कई लोग मिडिल पास करने के बाद नार्मल की ट्रेनिंग लेकर प्राइमरी मिडिल स्कूल में शिक्षक थे। स्त्रियों की पढ़ाई-लिखाई के समर्थन में वे ही कुछ बोलते थे, बाकी लोगों को तो यह अजूबा ही लगता था। लोग व्यंग्य में कहते-'कलपू भाई की बेटी कलट्टर बनेगी।'

''हाँ भाई लड़के लोग तो मिडिल स्कूल से आगे नहीं बढ़ सके, अब तो लक्ष्मी से ही आशा है कि वह गाँव का नाम उजागर करेगी।''

लेकिन उसकी सखियाँ उसे बहुत सम्मान देतीं। वे उसे अपने बीच कोई विशिष्ट व्यक्ति मानतीं। वे उसे किताब पढ़ते देखतीं तो हसरत से देखती रह जातीं। 'इन काले-काले अक्षरों में कितना कुछ भरा है। लछिमी इन अक्षरों में से इतना कुछ निकाल लेती है। वाह!'

''कैसा लगता है रे लछिमी किताब पढ़ना।''

''बहुत अच्छा लगता है। मन होता है एक के बाद एक बहुत-सी किताबें पढ़ जाऊँ।''

''तुझे देखकर मन तो मेरा भी हो रहा है।''

''तो पढ़ न।''

''कैसे पढ़ूँ मुझे कौन पढ़ायेगा? मेरे माँ-बाप तो नहीं भेजेंगे स्कूल।''

''अरे तो मेरे ही माँ-बाप ने कौन खुशी से भेजा है। तू भी जिद करना।''

''मैं जिद करूँगी तो पिटाई हो जायेगी। अभी तो सारा गाँव तुम्हारी ही पढ़ाई को सह नहीं पा रहा है।''

''मत सहे, मुझे कौन किसी के सहने न सहने की परवाह है।''

स्कूल से जुड़ने के बाद उसे अपना गाँव, घर और भी अच्छा लगने लगा था। स्कूल से लौटकर माँ के काम में हाथ बँटाती थी। अपना पाठ तैयार करती थी। छुट्टियों में सखियों के साथ खेतों में निकल जाती थी। जाड़े के दिन थे। रबी की फसल गाँव के चारों ओर उमड़ी हुई थी। इस गाँव के पास दूर-दूर तक कोई गाँव नहीं था। दूर नदी बहती थी। नदी और गाँव के बीच में पड़ने वाली लम्बी तलेटी में फसलों का ज्वार उमड़ा हुआ था। पीली-पीली सरसों, नीली-नीली तीसी, सफेद-लाल मटर फूली हुई थी। वैसे तो जाड़े में ताल सूख जाता था लेकिन कहीं-कहीं थोड़ा जल पड़ा होता था। उसे सारे खेत अच्छे लगते थे किन्तु तलेटी तो जैसे फसलों की घाटी लगती थी। वह सखियों के साथ इन्हीं खेतों की ओर भागती थी। साग खोंटने

के बहाने घंटों यहाँ घूमती थी और रह-रहकर नदी की ओर खुलने वाले विस्तार की ओर टकटकी लगाकर देखने लगती। ताल पर बहुत से पंछी उड़ते होते। वे ताल पर उड़ते-उड़ते नदी की ओर निकल जाते, नदी से ताल की ओर लौट आते। उनकी परछाइयाँ नीचे झरती और तैरती रहतीं। वह उन्हें देखती रहती और उसकी इच्छा होती—काश, वह भी पंछी होती तो उड़ जाती न जाने कहाँ-कहाँ तक।

वह सोचती—क्या है नदी के पार। और उसके बाद और उसके बाद और उसके बाद और और और...। कभी उधर जा सकूँगी क्या?

ये चीजें तो उसे पहले भी अच्छी लगती थीं लेकिन किताबें पढ़ने के बाद तो उसे और भी अच्छी लगने लगी हैं। वह कविताएँ पढ़ने लगी है। इन फसलों के रंग में कविताओं का रंग मिल जाता है और यह दुनिया और भी प्यारी लगने लगती है। उसने उस दिन एक कविता पढ़ी थी—

जाड़े का मौसम है आया
फसलों का सागर लहराया
सरसों फूली पीली-पीली
तीसी हँसती नीली-नीली
मटर खिलखिलाती है खिलखिल
सखियाँ घूम रही हैं हिल-मिल
नदियों का पानी निथराया
जाड़ा आया, जाड़ा आया
धूप सुनहली झरती झर-झर
काँप रही है आभा थर-थर
छोटे-छोटे, प्यारे-प्यारे
पंछी उड़ते पंख पसारे
तैर रही खेतों पर छाया
जाड़ा आया, जाड़ा आया

"बहुत अच्छा गाना है रे सखी! कहाँ सीखा?"

"गाना नहीं है। यह कविता है। यह कविता मेरी किताब में है।"

"यह तो लगता है कि जो हम लोग देख रहे हैं वही इस कविता में ढल गया है। 'नदियों का पानी निथराया' वह गुनगुनाने लगी। फिर सखियों से बोली—'चलो एक दिन नदी के पास चलते हैं।"

"ना बाबा ना, नदी तो कोस भर दूर है वहाँ कौन जायेगा। घरवाले सुनेंगे तो जान ही ले लेंगे।"

"अरे जान क्यों ले लेंगे? नदी देखना कोई पाप है क्या कि जान ले लेंगे।'

"लेकिन पाप नहीं है तो पुण्य ही कौन-सा है कि हम लोग वहाँ जायें। घरवाले

पूछेंगे कि नदी के पास क्यों गये थे तो क्या कहेंगे? कहेंगे कि नदी देखने गये थे। नदी देखना कोई मेला देखना है क्या?''

''हाँ यह तो ठीक कहती हो। नदी देखना मेला देखना नहीं है लेकिन कुछ तो है कि उसे देखने को मेरा मन करता है।'' वे सब हँसने लगीं। ''पागल हो गयी है लछिमी। न जाने इसका मन कैसा है कि उसे यह, और वह, और वह देखने को करता ही रहता है।''

''देखो सखियो, मेरा मजाक मत उड़ाओ। कविता में भी तो लिखा है कि 'नदियों का पानी निथराया।'' और कई लेखों और कविताओं में नदी का जिक्र आया है। इतने बड़े-बड़े लेखक और कवि जब नदी की बात करते हैं तो नदी में कुछ तो होगा जिसे हम नहीं समझ पाते। लेकिन न समझाते हुए भी मेरा मन नदी की ओर खिंचता है।''

''तो जा खिंच, हम तो चले घर।''

''अरे-अरे, घर तो मैं भी चलूँगी, आज तो देर हो गयी हे। नदी पर भला कैसे जा सकती हूँ।''

और वह सखियों के साथ घर लौट गयी लेकिन उसे लगता था कि नदी उसे बुला रही है। वह पिताजी के साथ दो बार शिवरात्रि के मेले में शिवपुर गयी है तब उसने यह नदी देखी है। काफी चौड़ी नदी है। इस ओर तो पाट समतल है लेकिन उस ओर बड़े ऊँचे-ऊँचे कगार हैं। दोनों ओर फसलों का विस्तार उसे कितना अच्छा लगा था। तट की रेत में झाऊ के छोटे-छोटे पेड़ खड़े थे। तट पर फैली बालू पर पाँव रखते हुए चलने में कितना मजा आया था। साफ पानी में नाव तुल-तुल तुल-तुल करती हुइ चल रही थी। पंछी उड़ रहे थे और उनके पंखों की परछाइयाँ पानी में झर रही थीं। कितना अच्छा लगता था। वह देख रही थी—नदी कुछ दूर तक सीधी जाकर एकाएक मुड़ गयी थी। मुड़कर कहाँ जाती होगी? मन होता है कभी नदी के साथ चलकर देखें कि कहाँ-कहाँ जाती है। उसका मन होता है नदी के किनारे बैठकर धारा को निहारती रहे और तरह-तरह के लोगों को नाव पर चढ़ते-उतरते देखती रहे।

अभी तो वह बच्ची है, अपने आप कुछ कर नहीं पाती। बड़ी होगी तो रोज सुबह नदी के तट पर चली जाया करेगी और गर्मी में तो घंटों उसके पानी में तैरेगी।

इस बार होली में

इस यात्रा में मन में बड़ी उमंग थी। यही नहीं कि बीस साल बाद गाँव आया हूँ, यह भी कि बीस साल बाद होली के अवसर पर गाँव आया हूँ। होली की महक मन में भरी थी। जब गाँव छोड़ा था तब की होली की गहमागहमी भीतर अँटी पड़ी थी। होली से महीना भर पहले ही रंग का उन्माद शुरू हो जाता था। भाभियों और देवरों की लुकाछिपी शुरू हो जाती थी। लेकिन कोई कितना छिपेगा, आखिर भाभियों के पानी और रंग की चपेट में आ ही जाता था। इसी तरह फागुन में सम्बन्धियों के यहाँ गये हुए मेहमानों की हुलिया ही बदल जाती थी। इस तरह गाँव हो या रास्ते, लोगों के फटे-पुराने गाढ़े के कुरतों पर रंगों की छापामारी देखते बनती थी और लगता था रास्तों पर आदमी नहीं, रंग चल रहे हैं। लोगों के अभावमय कंठों से होली के गीत और कबीर की अरराहट बरसती रहती थी।

जब मैंने नदी पार की तो अपने कछार का यही फागुन मेरे भीतर था। लेकिन क्या हो गया है लोगों को? इक्का-दुक्का यह दृश्य दिखाई पड़ गया तो पड़ गया, नहीं तो लगता था कि पूस का सन्नाटा छाया हुआ है। लोग चुपचाप खेतों में काम कर रहे थे, अपने दरवाज़ों पर काम कर रहे थे या चाप की दुकानों पर चाय पी रहे थे और राजनीति की बातें कर रहे थे या लेनदेन पर बहस छिड़ी हुई थी।

"क्या हो गया है फागुन को?"

कुऊ एक बागीचे में से कोयल बोली थी तो मन प्रसन्न हो आया था। यह बोली महानगर में नहीं सुनाई देती। तो कोयल अभी भी बोल रही है। आम, कटहल, महुए जो बचे हुए हैं, उसी तरह फूल रहे हैं, महक रहे हैं। फागुनी हवा उसी तरह उद्दाम भाव से बह रही है और फसलें उसी मस्ती में झूमती हुई बज रही हैं। लेकिन आदमी को क्या हो गया है?

गाँव तक मैं यही देखता आया था। अपने गाँव में भी कुछ अलग नहीं दिखाई दे रहा था। हाँ, आज होली जलेगी। लेकिन लगता नहीं था कि किसी में कोई उमंग हो।

तिजहर को मंजुल के साथ खेतों की ओर निकला। कितने दिन हो गये अपने खेतों से बतियाये हुए। हाँ बतियाये हुए। मैं खेतों को केवल देखता नहीं था, लगता था खेतों की फसलें मुझसे बात कर रही हैं और मौन भाव से मैं भी उनसे बतियाने

लगता था। अब तो शायद अपने खेतों को ठीक से पहचानूँ ही नहीं। खेत मुझे बेतहाशा खींच रहे थे। हम गाँव से निकले तो लोग मिलते गये, दुआ-सलाम होता गया और वही औपचारिक प्रश्न—"अरे भाई, अरे चाचा, अरे बाबा, अरे साहब आप तो अपने गाँव को भुला ही बैठे।" मैं हँस कर आगे बढ़ता रहा। गाँव से निकला तो चकरोड देख कर अच्छा लगा। इधर भी टूटी-फूटी गन्दी पगडंडी अब चौड़ा-सा चकरोड बन गयी है और यह दूर-दूर की सड़कों से हमें जोड़ती है।

गाँव के बाहर निकला तो सम्मति गड़ने की जगह खाली देख कर सन्न रह गया। मंजुल की ओर इशारा किया। उसने हँसकर कहा, "अरे चाचा अब किसे उत्साह है सम्मति गाड़ने और बटोरने का?" अब तो एकाध दिन पहले कुछ लौंडे रेंड़ काट कर गाड़ देते हैं और थोड़ा-बहुत इधर-उधर से कुछ बटोर कर डाल देते हैं। खाना-पूर्ति हो जाती है।

"लेकिन आज तो खाना-पूर्ति भी दिखाई नहीं पड़ रही है।"

"खाना-पूर्ति हुई थी लेकिन चपरासी के इंजीनियर बेटे ने उसे उखाड़ कर फेंक दिया।"

"क्यों?"

"कहते हैं वह जगह मेरे खेत के पास है। इसकी लपट से मेरी फसल खराब हो जायेगी।"

"लेकिन परम्परा तो यही रही है कि सम्मति यहीं गड़ती रही है।"

"अब परम्परा कौन मानता है। उतना ही मानता है जितने से उसे निजी लाभ होता है।"

"चलो यह भी अच्छा है।"

"क्या अच्छा है?"

"यही कि लोगों को इतना साहस तो आया कि परम्परा के नाम पर अब अपनी बर्बादी नहीं सह सकते। पहले तो परम्परा रही है न कि होली में किसी की कोई कितनी भी कीमती चीज डाल दो वह निकाल नहीं सकता था और लौंडे उन्माद में आकर किसी की फसल डाल देते थे, किसी की कीमती लकड़ी, किसी का छप्पर छाने के लिए रखा हुआ खर-पतवार। और जो डाल दिया गया सो डाल दिया गया। लोग लौंडों पर चीखते-चिल्लाते हुए भी, गाली-गुप्ता देते हुए भी निकाल नहीं सकते थे। अब तो साहस का यह आलम हो गया है कि सम्मति ही उखाड़ कर फेंक दी जा रही है।"

"यह साहस नहीं है चाचा जी, स्वार्थ है। ये इंजीनियर साहब जो हैं न, परम्परा के मामले में बहुत कायर हैं। पूजापाठ करते हैं, साइत-वोइत देख कर यात्रा करते हैं, जोग-टोट में विश्वास करते हैं, छुआछूत को खूब मानते हैं लेकिन सब अपने स्वार्थ के लिए। इसके पीछे उनका कोई नैतिक विश्वास नहीं है। सम्मति इसलिए उखाड़

कर फेंक दी कि उनका खेत आहत होगा। लेकिन यदि सम्मति कहीं और गड़ी तो जलने के समय उन्हें हाथ जोड़े पायेंगे।"

हम आगे बढ़े। गोइंड़ के खेतों में अरहर की सघन फसल खड़ी थी। अरहर की फसलों का जंगल मुझे बहुत प्रिय लगता रहा है। उसमें एक बार डूबिये तो दूर तक निकल जाइए। उसमें से उठती एक खास तरह की गन्ध आज भी मेरे प्राण में भरी हुई है। हाँ, इस प्रियता में एक भय भी मिला होता था। इस सघन विस्तार में पता नहीं कौन जानवर निकल आये या कोई शत्रु छिपा बैठा हो। औरतों के लिए तो ख़तरे ज़्यादा थे। जो भी हो मेरे लिए एक थ्रिल से भरी प्रियता इस फसल के साथ जुड़ी हुई थी। आज इतने दिनों पर इससे गुज़रने का अवसर पाकर मैं रोमांचित हो उठा। बच्चों का-सा एक कौतूहल मन में भर आया और इसमें डूबा तो टीले पर के खेतों में जाकर उबरा।

"चाचा जी अपना खेत पहचान रहे हैं?"

"हाँ हाँ, यह खेत तो पहचान ही रहा हूँ यह रहा।"

"हाँ आपने ठीक पहचाना। अभी अपने खेतों की पहचान आपमें है।"

"नहीं, तमाम खेतों के बीच पड़े अपने खेतों को नहीं पहचान पाऊँगा। यह खेत तो इस टीले के किनारे है न और इसके साथ न जाने कितनी स्मृतियाँ जुड़ी हैं।" और मैं कुछ क्षणों के लिए स्मृतियों में खो गया।

टन टन टन टन...

मैं चौंका। "यह क्या है मंजुल?"

"बरम बाबा के थान पर घंटा बज रहा है। आप इस थान को भूल गये क्या?"

"नहीं भाई, इसे मैं केसे भूल सकता हूँ? बचपन में मैं बरम बाबा का पक्का पुजारी था। हर सोमवार को दूध चढ़ाया करता था लेकिन तब यह घंटा नहीं था। बस झाड़ियों के बीच में पाकड़ के नीचे बरम बाबा का थान था। आसपास के श्रद्धालु नर-नारी आते थे, जल और दूध से स्नान कराते थे, चुपचाप हाथ जोड़ते थे और चले जाते थे। लेकिन अब?"

"चलिए देखिए न अब क्या है?"

गया। देखा, झाड़ियाँ काट डाली गयी हैं। पेड़ काट डाला गया या अूट कर गिर पड़ा, पता नहीं। अब थान के ऊपर एक मन्दिर विराजमान दिखाई पड़ा। उसमें घंटे टाँग दिये गये हैं। टीले के पास से एक सुन्दर सा चकरोड जाता दिखाई पड़ा। मैं देख रहा था—लगातार लोगों को आते-जाते।

"चाचा जी, चाय पियेंगे?"

"चाय?"

"हाँ वह रही दुकान।"

अब मैंने गौर किया कि टीले पर चाय की तथा कुछ अन्य वस्तुओं की दुकानें

खुल गयी हैं। पास का पोखरा पट गया है और उसमें फसल लहरा रही है।

"तुम्हें पता है मंजुल, यहाँ एक पोखरा था।"

"हाँ था तो। अब देखिए धीरे-धीरे पट गया है।"

"तुम्हें पता है इसके तट पर सेमल का एक बड़ा-सा पेड़ था।"

"हाँ था तो लेकिन जब मैंने होश सँभाला तो ठूँठ हो चुका था फिर अूट कर गिर पड़ा।"

"बाबा रे बाबा बड़ा ज़ालिम पेड़ था।"

"हाँ सुना तो मैंने भी था कि उस पर भूतप्रेत रहते थे। क्या यह सही है चाचा जी?"

"भाई, सही-ग़लत की बात तो मैं नहीं कह सकता लेकिन उसके साथ अनेक कहानियाँ जोड़ दी गयी थीं। सच पूछो तो यह टीला बड़ा भयानक था। यह सच है कि इस पर बरम बाबा का थान है और बरम बाबा भय-मोचन देवता माने जाते थे, इस टीले पर भूतों को नहीं आने देते थे—और संकट में पड़े अपने भक्तों की पुकार सुन कर सोने के खड़ाऊ पर उड़ते हुए पहुँच जाते थे और सोने की छड़ी से भूतों को पीट कर भगा देते थे, फिर भी उनकी बगल में ही पड़ा पोखरा बुड़वों का घर माना जाता था और यह सेमल एक बहुत जाबिल नट का घर था। इस टीले के किनारे झाड़ियों से घिरी एक बावड़ी थी, उसमें चुड़ैलें नहाती थीं।"

"सचमुच ऐसा था क्या चाचा जी?"

"सचमुच नहीं था। हो भी नहीं सकता था। लेकिन यह बात तो बड़ा होने के बाद न मालूम हुई, वह भी एक भौतिक विवेक-दृष्टि पाने के बाद। बचपन में तो भूतों का यह काल्पनिक संसार मेरे और तमाम बच्चों के लिए वास्तविक संसार बन गया था। उनकी स्मृति मात्र से हमारा अस्तित्व पत्ते की तरह काँपने लगता था। बड़े लोग भूतों के साथ घटी काल्पनिक घअनाएँ सुनाया करते थे और इन मनोरंजक घटनाओं को बच्चे सुनते तो बड़े मन से थे लेकिन उनका त्रासद प्रभाव मन पर परत दर परत गहरा होता जाता था। इसलिए अपने ही गाँव में और गाँव के आसपास अकेले निकलने में बहुत भय लगता था। गाँव को इस गली में चुड़ैल है, बँसवारी में चुड़ैल है, गड़ही में बुड़वा है, गाँव की बाहर के बागीचे के अमुक पेड़ पर भूत है, सेमल पर जिन्न है, वहाँ गड़न्त है। बाबा रे, बाबा भूत ही भूत भरे थे और गाँव के बड़े बूढ़ों की उनसे कभी न कभी, कहीं न कहीं टकराहट हो गयी थी। और यह टीला तो गाँव से काफी दूर है। कभी-कभी निहायत सुनसान होता था लेकिन यहाँ अपना खेत था, आना ही पड़ता था। जब कभी खेत में अकेला होता तो हर आहट पर काँप उठता था। वैसे एक सहारा था कि मैं बरम बाबा का पुजारी हूँ और उनका थान खेत के पास ही है। वे भूतों को मेरे पास तक आने नहीं देंगे। फिर भी आश्वस्त नहीं हो पाता था। इतने बड़े देवता का सहारा काल्पनिक

ही लगता था क्योंकि वे अरूप थे किन्तु साथ में कोई भी आदमी होता था तो डर नहीं लगता था क्योंकि वह छोटा और एक होकर भी ठोस था, मूर्त था। लगता है मनुष्य के साहचर्य से बड़ा ऊष्म और आश्वस्तिकारी साहचर्य कोई नहीं होता। तब यह बात मैं सहज अनुभव से जानता था, बाद में विवेक-दृष्टि से जानने लगा।''

''हाँ, यह तो है चाचा जी।''

''आज वही डरावनी जगह कितनी रौनक में बदल गयी है। उस भय के टापू पर आदमी ने यात्राओं का पड़ाव बना दिया है। दुकानें उगा दी हैं। यात्राएँ थकी-हारी आती हैं दुकानों की छाया में विश्राम करती हैं, कुछ खाती-पीती हैं। यात्राएँ यात्राओं से मिलती-जुलती हैं। मंदिर में घंटे बजते रहते हैं, रेडियो से उठने वाले गीत आसपास के अन्तराल में गूँजते रहते हैं। जो पेड़ अकेले में भूत से खड़े रहते थे उन पर साइकिल के टायर ट्यूब लटके हैं या उनकी छाँह में सुस्ताते हुए राहियों के सपने हँसते रहते हैं।''

''कितना कुछ बदल गया है न।'' मंजुल ने कहा।

''हाँ, सचमुच कितना कुछ बदल गया है।''

हम लोग आगे बढ़े। फसलों के लहराते हुए समुद्र में बहते हुए बहुत अच्छा लग रहा था। मंजुल अपने खेतों से परिचय कराता जा रहा था और मैं एक युग बाद अपने खेतों से मौन सम्वाद के सुख से रोमांचित हो रहा था। फागुनी साँझ झुकी आ रही थी। उसके स्पर्श से वातावरण और भी मोहक हो रहा था। धूप की छुवन निरन्तर प्रीतिकर हो रही थी और हवा का अल्हड़ वेग धीरे-धीरे शान्त हो रहा था। उसमें एक महक-सी भर रही थी।

''चाचा जी लौटें? बाकी फिर। अभी तो आप हैं ही।''

''ठीक है'' कह कर हम लौट पड़े।

गाँव में घुसे तो देखा जगदीश भाई बड़बड़ा रहे थे। उनके सामने गाँव के बीस-पचीस छोटे-छोटे छोकरे खड़े थे।

''पालागी भइया।''

उन्होंने मेरी ओर देखा—''अरे खुश रहो भाई, कब आये?''

''आज ही आया हूँ, आप बड़े गुस्से में कुछ बड़बड़ा रहे थे।''

''अरे देखो भइया, अब इस गाँव के नये लोग बहुत लायक बन गये हैं। अब उन्हें अपने तीज-त्यौहारों और परम्पराओं के प्रति कोई आदरभाव रहा ही नहीं। लड़कों ने सम्मति गाड़ी थी इंजीनियरवा ने उखाड़ कर फेंक दिया। कहता है—''मेरे खेत के पास सम्मति नहीं गड़ेगी।'' अरे कोई पूछो उस कल के छोकरे से कि कोई नयी बात हो रही है? सदियों से तो सम्मति वहीं गड़ती आ रही है।''

''कैसी विडम्बना है कि इस गाँव में होली के दिन सम्मति नहीं जलेगी।'' मैं दुःख से बडबड़ाया।

"अरे भइया जलेगी क्यों नहीं?" कह कर जगदीश भाई ने छोकरों से कहा—"देखो मेरे बाँस की कोठी है न, उसकी बगल में सम्मति गाड़ो। वह जमीन गाँव पंचायत की है किसी के बाप की नहीं।"

लड़के ख़ुश हो गये और "होली है भाई होली है" चिल्लाते हुए सम्मति गाड़ने के लिए भागे।

"लेकिन जगदीश भाई, सम्मति की लपट से आपके बाँसों के जलने की आशंका है।" मैंने कहा।

"अरे बाँस थोड़ा जल ही गया तो क्या हो जायेगा? बरस-बरस का त्यौहार क्या ऐसे ही जायेगा? और होली का त्यौहार तो त्यौहारों का राजा है।"

"हाँ यह तो है।"

हम कुछ पल चुप रहे। फिर मैं बोला—"और अभी ये सम्मति गाड़ेंगे। चार घंटे बाद सम्मति जलेगी। इस बीच ये कितना खर-पतवार बटोरेंगे? अरे दो-तीन घंटे में पचगोइंठा माँगेंगे। थोड़ा इधर-उधर से खर-पतवार की चोरी कर लेंगे। लपट पोरसा भर भी तो नहीं उठेगी।"

"अब हम लोगों के समय की होली की बात मत सोचिये। अब तो छुत-छुड़ाना रह गया है। अब आप आ गये हैं तो अपनी आँखों सब कुछ देख लीजिएगा।"

"अरे जगदीश जी तो बहुत उदार हो गये हैं।" चलते-चलते मैंने मंजुल से कहा।

"अरे भइया, बड़ा पाजी है। इसकी कहानी फिर सुनाऊँगा।"

हम लौटे तो देखा कई लोग मुझसे मिलने आये हुए हैं। उनमें से अधिकांश मेरी या मुझसे पहले की पीढ़ी के लोग हैं। प्रमाण—आशीर्वाद हुआ। पहले फिर वही बात—

"अरे भाई दामोदर, बहुत दिनों पर गाँव आये। गाँव को भूल गये क्या? अरे अपनी मातृभूमि है हो।"

प्रश्न को नकारते हुए मैंने लोगों से पूछा—"कैसे हैं आप लोग?"

"अरे हम लोग तो ठीक ही हैं। बाकी ठीक होने लायक कुछ रहा नहीं।"

मैंने देखा-महेश थे।

"क्यों गाँव को क्या हो गया है हो महेश? और तुम्हें क्या हो गया है? दिन-रात तो रुपये लूट रहे हो। गरीब से गरीब आदमी की मैली टेंट से रुपये निकाल लेते हो। मकान बनवा लिया, फटफटिया पर चलते हो, जमीन खरीद ली। तुम्हें कौन-सी मुसीबत आ गयी कि गाँव रहने लायक नहीं रहा।" अंगद भाई जहक रहे थे और बैठे लोग हँस रहे थे।

"लोगों को आदत पड़ गयी है गाँव को बदनाम करने की। अरे भाई, हम लोगों के जमाने के गाँव को देखा होता। क्या था तब—गरीबी, भुखमरी, अशिक्षा, बाढ़ के अलावा। अब अपने गाँव के पास ही अंग्रेजी स्कूल, कालेज खुल गया है। तमाम लड़के पढ़-पढ़ कर अफसर हो गये हैं। लोगों ने खेत खरीद लिये हैं, पक्के मकान

बनावा लिये हैं, नदी पर बाँध बँध गया है, बाढ़ भी रुक गयी है, तमाम ट्यूबवेल गड़ गये हैं, खेंतों में फसल भी अच्छी होती है। हरिजन टोली भी अब वह नहीं रही। वे अब किसी के वश में नहीं रहे। भाग-भाग कर परदेश पकड़ लिया। वहाँ से पैसे भेज रहे हैं। अब आये हो तो चमरौटी में जाकर उनकी औकात देख लेना। और यह महेश दिनरात इन्हीं गाँवों के लोगों से पैसे झाड़ रहा है और गाँव को बदनाम कर रहा है। दामोदर भाई, इससे पूछिए कि इसे शहर में कौन पूछता? अरे इन्टर पास है कि फेल मुझे ठीक पता नहीं। तहसील की कचहरी में मुन्शीगीरी करता है और इसके ठाट देखिए।''

महेश आहत हो उठा था। उसने कहा–''अंगद चाचा अब बहुत हो गया, चुप रहिए। इतने बड़े व्यक्ति आये हुए हैं और आप उनके सामने भी अपनी उसी देहाती उजड्डता पर उतर आये हैं।''

''उजड्ड मैं नहीं, तुम हो और तुम्हारे जैसे अधकचरे पढ़े-लिखे लोग हैं। इतने दिनों पर दामोदर भाई गाँव आये हैं तो तुम जैसे शरीफों से मिलने नहीं, हम जैसे अपने गँवार दोस्तों और भाइयों से मिलने। शहर में इन्हें शरीफ लोग बहुत मिलते होंगे। वही मिलते होंगे। उनसे थोड़ा अलग होकर वे गाँव आये हैं। अरे गाँव आये हैं तो उन्हें गाँव को अच्छा लगने दो। यह क्या कि 'क्या रखा है गाँव में?' कहते रहो और गाँव को प्रेम से खाते रहो।''

''वाह अंगद चाचा वाह वाह, वाह अंगद बाबा वाह वाह।'' लोग कह रहे थे।

''अरे ए अंगद चाचा, आपको महेश भाई को इस तरह नहीं कहना चाहिए। अरे उन्होंने तो ऐसे ही कह दिया जैसे तमाम लोग कहा करते हैं। बाकी वे पैसे कमा रहे हैं तो ठीक ही कर रहे हैं। कौन नहीं कमाना चाहता। अरे, उनके पास पैसे रहेंगे तो गाँव वालों के भी काम आयेंगे, कभी आप भी माँगने चले जायेंगे।'' एक नये लड़के ने चिकोटी काटी।

मैंने उस लड़के की ओर देखा। उसे पहचानने का प्रश्न ही नहीं था। वह अपनी वाग्विदग्धता पर मुस्करा रहा था। देखा–अंगद भाई उसकी ओर देख कर मूड़ी हिला रहे थे जैसे कह रहे हों–''अच्छा अब तुम कल के लौंडे मुझे सिखाने आये हो।'' फिर बोले–''देखब हे सुमरे क नाती, तुम्हें इससे पैसा माँगना है तो माँगो लेकिन अभी अंगद को किसी के आगे हाथ पसारने की नौबत नहीं आयी है। मेरे एक लाख रुपये बैंक में जमा हैं। मैं चैलेंज करता हूँ कि है किसी के पास?'' लोग हँस रहे थे। तब तक सुरेश ने टिपासा जड़ दिया। ''आ झूठ बोलना कोई आपसे सीखे अंगद चाचा।''

''झूठ?'' अंगद गिनगिना उठे। ''मैं झूठ बोलता हूँ। हे बदरी के बेटा, तुम भी तो जिन्दगी भर बाहर ही घूमते रहे कमासुत बन कर। क्या बटोरा अपने पास?''

''अरे भाई मेरे पास तो कुछ नहीं है लेकिन मैं झूठी डींग तो नहीं न हाँक रहा हूँ।''

"झूठी डींग हाँक रहा हूँ? दामोदर भाई, मैं घर जा रहा हूँ अभी आता हूँ।" वे झटके से उठे और चल दिये।

"जिन्दगी भर चोरी-चिकारी की। अब घूम-घूम कर दही-चूरा खाता है, दक्षिणा लेता है। खर्च एक पैसे का नहीं और खाने वाले कितने हैं—वह खुद और बीवी। किसी को एक बूँद चाय भी नहीं पिलाता है और खाने-पीने के लिए दूसरे के दरवाजे पर हिरका रहता है। इस तरह चार पैसा बटोर ही लिया तो कौन-सा तीर मार लिया।" अंगद की अनुपस्थिति में महेश को यह टिप्पणी जड़ने का मौका मिल गया और सब लोग हँस पड़े।

तब तक अंगद भाई लपके हुए आ गये और मेरे सामने अपना टी.डी.आर. रख दिया। "दामोदर भाई, देखो यह कितने का टी.डी.आर. है?" मैंने देखा पैंतालीस हज़ार का था।

मैंने कहा—"यह तो खाली पैंतालीस हज़ार का है।"

"अरे तुम भी पढ़े-लिखे होकर नहीं समझ रहे हो कि यह सात साल में नब्बे हजार हो जायेगा।"

"अरे जब होगा तब न होगा, अभी तो आपके पास पैंतालीस ही हजार हैं न।" देवी बोला।

"अरे चार साल तो बीत चुके हैं तीन साल और। और होगा तो मेरा ही न, तुम्हारा तो नहीं होगा।"

"फिर भी दस हजार कम पड़ रहे हैं।"

"ये रहे दस हजार।" कहते हुए अंगद भाई ने रुपयों पैसों की एक बड़ी थैली मेरे सामने पटक दी और जेब में से सौ दस पाँच दो एक के तमाम नोट निकाल कर सामने रख दिये। और बोले—"गिनो।"

मैं तो संकट में पड़ गया। अब इन्हें गिनने कौन बैठे। मैंने अपनी जान छुड़ाई—"अरे अंगद भाई, आप कह रहे हैं तो ठीक ही कह रहे हैं। गिनना-विनना क्या?"

"अंगद चाचा ने ये सारे पैसे दक्षिणा में बटोरे हैं। वाह रे चचवा इस गाँव का नाम तू ही तो रोशन किये हुए हैं। इस जवार में कोई गाँव, कोई घर, कोई जाति ऐसी नहीं छूटी है जाहँ चचवा धावा न बोलता हो और दक्षिणा न बटोरता हो।" सुरेश ने चिकोटी काटी।

"हाँ हाँ जैसे तुम नहीं खाते हो। कोई पूछे तो बड़का लोटा फट्ट से उठ जाता है लेकिन कोई पूछता ही नहीं तो पतिहा बने हुए हो। अरे में करकरा ब्राह्मण हूँ मेरे बिना दुनिया का काम नहीं चलता तो इसमें मेरा क्या दोष है?"

"लेकिन ए अंगद चाचा, इतने रुपये आप दिखाते घूम रहे हैं किसी की नीयत खराब हो जाय तो?" किसी लड़के ने छेड़ा।

"अरे किसी हिम्मत है शेर की माँद में हाथ डालने की।" अंगद भाई बोले।

"हाँ भाई, अंगद चचवा तो न जाने कहाँ-कहाँ तक हाथ मारता रहता है इसके माल पर हाथ मारने की हिम्मत किसमें है?" वंशी बोला। बड़े ज़ोर की हँसी पड़ी लेकिन अंगद भाई का चेहरा तमतमा आया और मुझे लगा कि अब कुछ अप्रिय हो सकता है। बोला–

"अंगद भाई, होली कब जलेगी?"

"अरे जब चाहे जल जाये। इसमें अब क्या रखा है। बस छुत छुड़ानी है।"

"होली जलने के बाद रात भर चौताल गायन भी तो होगा।"

"अरे कब की बात कर रहे हो दामोदर भाई। एक जमाना हो गया वह दुनिया उजड़े हुए। अब आये तो तो सब खुद ही देख लो।"

"आपको याद है अंगद भाई, सामने मुखिया के ओसरे में रात भर मरदों और औरतों की चौताल-स्पर्धा होती थी और आप और सुरेश हाथ में करताल लिए एक-दूसरे से स्पर्धा करते हुए नाचते थे। ओसारे से कूद कर नीचे के विस्तार में आ जाते थे फिर नाचते-नाचते औसारे में चले जाते थे।"

"आपको सब याद है दामोदर चाचा। अरे वे दिन अब कहाँ रहे? अब आज के लड़कों को गाना होगा तो सिनेमा के गीत गायेंगे, नाचना होगा तो विदेशी कमर मटकाऊ नाच नाचेंगे। सचमुच अंगद चाचा के साथ नाचने में और होली खेलने में जो मजा आता था, अब दुर्लभ हो गया है। जिस दिन अंगद चाचा नहीं रहेंगे उस दिन गाँव समझेगा कि ये क्या थे?" सुरेश बोला। लगा वातावरण में एक भारीपन आ गया है। एक नमी आ गयी है।

"अच्छा भइया दामोदर, आप आराम करो, अब हम चलते हैं। कल फिर मिलेंगे। जब तक आप हैं आता ही रहूँगा।"

वे उठे तो सभी लोग उठ गये और उन्होंने सुरेश के कन्धे पर हाथ रखते हुए कहा–"चलो भाई।"

थोड़ी देर बाद ओसारे में भक्क से बिजली की रोशनी हुई तो मैं खुशी से अचकचा गया। वाह क्या बात है? चारों ओर नज़र घुमाई–सभी घरों में बिजली के लट्टू जगमगा रहे थे। कितनी रौनक लग रही थी। फागुन की चाँदनी रात में घर से लेकर बाहर के रास्तों तक जगमगाते हुए बल्ब...एक नया अनुभव था।...लेकिन इस समय तो एक दूसरी जगमगाहट हुआ करती थी। सारे गृहकार्यों से मुक्त होकर गाते-बजाते हुए, सम्मति बटोरते हुए लोगों की जगमगाहट। एक खास गन्ध भरी होती थी इस शाम में। वह कहाँ है?

एक अजब सन्नाटा पसरा था चारों ओर। बीच-बीच में कुछ छोटे बच्चों का सामूहिक स्वर सुनाई पड़ जाता था जो अन्तिम घड़ी में सम्मति बटोरने की रस्म अदा कर रहे थे।

''यह सन्नाटा कैसा है मंजुल इस शाम को। लोग कहाँ हैं?''

''लोग या तो अपने-अपने दरवाजों पर बैठे स्वार्थ और राजनीति का जाल बुन रहे होंगे या किसी काम से कहीं गये होंगे, यानी कुछ न कुछ कर रहे होंगे।'' मंजुल ने कहा।

''यानी शहर से लेकर गाँव तक अब संस्कृतियों का उत्सव ठंडा पड़ गया है। अपने स्वार्थोत्सव और राजनीतिक जोड़-तोड़ में व्यस्त लोगों को अब फुरसत नहीं कि वे सांस्कृतिक उत्सवों में एक साथ मिलकर अपनी ठेठ आदमियत का साक्षात्कार कर सकें। अपने बँटते हुए सुख-दुख को कुछ समय के लिए एक साथ जोड़ सकें। न जाने कैसा लग रहा है, मंजुल।''

''लेकिन चाचा जी मैंने तो जब से होश सँभाला लोगों को इसी दिशा में जाते देखा, इसलिए मुझे कुछ अजीब नहीं लगता।''

''सुखी हो भाई कि तुम्हारे पास सालने वाला कोई अतीत नहीं है लेकिन।''

''लेकिन क्या चाचा जी?''

''लेकिन यह कि चीज़ों के टूटने की यही रफ्तार रही तो कुछ समय बाद तुम्हें आज का समय अतीत बन कर सालने लगेगा।''

खाना खाकर बैठे ही थे कि सामने सभापति के बरामदे में टी.वी. चालू हो गया और होली के नृत्य-गीत आने लगे।

''अच्छा इसे तो मैं भूल ही गया था। यह भी इस गाँव में आ गया है।''

''हाँ चाचा जी, जब से बिजली आयी है काफी संख्या में यह भी आ गया है।''

लोग धीरे-धीरे सभापति के बरामदे के सामने एकत्र होने लगे और होली का नृत्य-गीत देखने लगे।

''लगता है लोग त्योहारों के दिन अब खुद गाने-बजाने के स्थान पर टी.वी. का गाना-बजाना देखने लगे हैं।''

तब तक कुछ नये लड़के टी.वी. पर चलते गीत को दुहराते हुए थिरकने लगे।

''नहीं चाचाजी, वे गाते-बजाते भी हैं, देख लीजिए।''

टी.वी. पर अंग्रेजी समाचार आने लगा तो सभापति ने कहा—''चलो भाई होली भी जला ली जाय।''

और वहीं से उठ कर लोग होली-दहन के स्थान की ओर चल पड़े। मुझे याद आया कि होली जलने से पूर्व पहपट होता था। यानी लोगों की एक मण्डली पहपट गाती हुई गाँव की गलियों से गुज़रती थी, साथ में गोंड़इत नगाड़ा बजाता रहता था। लोगों को मालूम हो जाता था कि अब होली जलने जा रही है और लोग अपने-अपने घरों से निकल कर पहपट मण्डली में शामिल होते रहते थे। होलिका-दहन-स्थल तक आते-आते पूरे गाँव की भीड़ दिखाई पड़ने लगती थी। फिर ऊँची-ऊँची लपटें उठती थीं। लोग प्रणाम-आशीर्वाद का विनिमय करते थे, गले मिलते थे।

फिर सारी भीड़ सभापति के दरवाज़े पर आ जाती थी और स्त्री-पुरुषों में चौताल-गान की स्पर्धा शुरू होती थी और रात भर चलती थी।

सभापति के दरवाज़े से छोटी-मोटी भीड़ होली-दहन स्थान की ओर चली तो मैं भी शामिल हो गया। कुछ और दिशाओं से लोग आ गये। कब होली जली, कब बुझी और कब लोग वहाँ से सरक कर अपने-अपने घरों को चले गये, पता ही नहीं चला।

मैं लौटा तो सभापति से बोला–"का हो ब्रजेश, चौताल-वौताल नहीं होगा क्या?"

"कोई गाने वाला नहीं रहा भइया। नये लोग चौताल सीखते नहीं और जो गाते थे उनमें से बहुत थोड़े लोग रह गये हैं। और अधेड़ या बूढ़े कंठ से कोई कितना गायेगा। पहले तो दो-तीन घंटा लोग बैठ कर गा भी लेते थे लेकिन धीरे-धीरे वह भी खत्म हो गया।"

"मैं तो होली का कितना हुलास लेकर आया था। लेकिन... ।"

"आप आये हैं तो कुछ लोगों को बुलवाता हूँ। शायद आप ही के बहाने कुछ नयी शुरुआत हो जाय।"

मैं चुप रहा और सोचता रहा क्या अब नयी शुरुआत होगी। जो गया सो गया अब जो आ गया है वही चलेगा।

तब तक ब्रजेश ने अपने लड़के को कुछ लोगों के यहाँ भेज दिया था। मैं अपने दरवाज़े पर लेटा था कि सभापति के दरवाज़े पर ढोलक और झाल की आवाज सुनाई पड़ी और वहीं से ब्रजेश ने आवाज़ लगायी–"भइया आ जाइए।"

मैं पहुँच गया। तब तक गोंड़इत भी नगाड़ा लिए पहुँच गया और तीन घंटे तक चौताल-गायन चलता रहा। मैं भी शामिल हो गया था। लेकिन देखा इस भीड़ में नये लोग नहीं थे, मेरे समय के या थोड़ा उसके बाद के लोग शामिल थे।

मेरे साथ-साथ लोगों को भी खुशी महसूस हो रही थी। गायन समाप्त होने के बाद एक ने कहा–"भाई साहब, अब आप हर साल आया कीजिए, शायद आपके आने से ही कुछ पुरानी गहमागहमी आ जाये। कितना अच्छा लगा कि हम लोगों ने मिल कर आज गाया। कई साल बाद यह प्रथा थोड़ी जी उठी है। आपको आश्चर्य होगा सुनकर कि पूरे फागुन में यह पहला गाना हुआ है।"

"नहीं, विश्वास नहीं होता।"

"हाँ भइया, सही है।" ब्रजेश ने कहा।

मैं याद कर रहा था–यही दरवाज़ा है, होलिका-दहन की रात को अन्दर से लेकर बाहर तक भरा होता था। लोग गाते थे, बाहर नाचते थे और गाँव के चारों ओर दूर-दूर तक लड़के फैले होते थे सम्मति बटोरने के लिए। लोग सो नहीं पाते थे। चाहते थे इस मस्त, उद्दाम दो दिवसीय समारोह के क्षण-क्षण का रस बटोर लें। 'हाय रे, यह रंगीला फागुन बीत रहा है और फिर साल भर बाद आयेगा और कौन जाने अगले फागुन से भेंट हो न हो। जितना हो सके इसे अपने में भर लो, साल

भर जीने की शक्ति देगा।"

दो घंटे बाद गाना बन्द हो गया और मैं अपने ओसारे में आ कर लेट गया। एक चुप्पी चारों ओर पसरी हुई थी। फागुन की पूनम की ऐसी खामोशी तो मैंने शहर में भी नहीं देखी थी। वहाँ फागुन की नहीं तो और तरह की यान्त्रिक हलचलें तो रात भर चलती ही रहती हैं।

सभी लोग सो गये थे। मैं जाग रहा था। चारों ओर सन्नाटा था—मेरे मन के भीतर भी।

आधीरात के इस सन्नाटे में से एक स्वर उभरा—'कुऊ कुऊ कुऊ।' मैं भीग गया और मन ही मन दुहराने लगा—'कुऊ कुऊ कुऊ।'

पानी

"कौन है वह?" चलते-चलते रामहरख ने कहा।

"कहाँ?"

"वो देखिए न साइकिल गिरी हुई है, और वह आदमी भी कटे पेड़ की तरह गिरा हुआ है।"

"अरे हाँ रे, चल देखें।"

"अरे ये तो परमेसर बाबू हैं, अपने रामदेव बाबू के लड़के। बेहोश पड़े हैं।"

"हाँ हैं तो वही।" कहते-कहते रामहरख का मुँह तीता हो गया।

"इन्हें क्या हो गया है? सुन तो, कुछ कह रहे हैं।"

रामहरख ने उनके मुँह के पास झुककर सुना—वे बुदबुदा रहे थे—"पानी... पानी...।"

"पानी? यहाँ पानी कहाँ मिलेगा?"

"अरे चलिए दादा, मरने दीजिए पापी के पापी लड़के को।"

अपने बेटे की बात सुनकर मंगल को अचरज नहीं हुआ। वह जब से शहर में पढ़ने गया है, गाँव के बाभनों और ठाकुरों के लिए ऐसी ही बोली बोलता है।

"चलिए।" कहकर रामहरख आगे-आगे चलने लगा। मंगल भी उसके पीछे-पीछे चल पड़ा। चलते-चलते मंगल ठिठक गया।

"क्या है, दादा?"

"अरे ऐसे कहीं होता है, बचवा! अपने ही गाँव का कोई आदमी बेहोश पड़ा हो और मर रहा हो और हम लोग उसे छोड़कर आगे निकल जायें।"

"क्यों नहीं होता है? क्या हम लोग इस गाँव के नहीं हैं? गाँव के क्यों, आपने तो रामदेव बाबू के यहाँ बरसों काम किया है। कितनी बेगार की है उनकी? कितनी बार उन्होंने आपको बेरहमी से मारा है। मुझे याद है कि एक बार आपको बुखार आ रहा था। अपने टोले के सोखा ने बता दिया था कि पोखरी का भूत पकड़े है। यह बात रामदेव बाबू ने सुनी तो बोले थे, मुझे भूत उतारना आता है और हमारे घर आकर लाठी से आपको पीटा था। मैं उस समय बहुत छोटा था, नहीं तो...। आप कितने दिन परेशान रहे।"

"सो तो सही है बचवा, लेकिन..."

"लेकिन-वेकिन कुछ नहीं। उन्होंने कौन-से जुल्म नहीं किए हैं। जब तंग आकर आपने उनकी हलवाही छोड़ दी तो उन्होंने अपनी जमीन से निकाल दिया। आपने निकलने से मना किया तो उनके गुंडों ने लाठी से पीट-पीटकर हमारी झोंपड़ी उजाड़ दी। फिर हम लोग मोहन बाबू की जमीन में बसे। लेकिन जैसे सांपनाथ, वैसे नागनाथ। उनके यहाँ भी यही चलता रहा। आप चाहते रहे मुझे पढ़ाना, वे चाहते रहे अपने खेतों में काम कराना। इसी में मनमुटाव होता गया। इन लोगों की हलवाही में पेट भरना मुश्किल है। कोई बाल-बच्चों को पढ़ाएगा क्या? यह तो मुझे वजीफा मिल गया और कुछ काम कर लेता हूँ तो पढ़ाई चल जाती है। नहीं तो..."

"सब ठीक है बचवा, सबका अपना-अपना धरम होता है। मेरा धरम नहीं मानता कि आदमी को इस 0तरह मरता हुआ छोड़कर आगे बढ़ जाऊँ। और वह भी अपने गाँव के आदमी को।"

बेटे का बिना कोई उत्तर सुने वह जल्दी परमेश्वर के पास लौट आया। रामहरख भी उसके पीछे-पीछे आ गया।

"अब यह पानी माँग रहा है। कहाँ से पानी दोगे? यह ठहरा उँची जाति का, हम ठहरे हरिजन। पिलाओगे अपने लोटे से पानी?"

"पानी!" परमेश्वर ने जोर से कहा।

मंगल बेचैन हो उठा।

कहाँ से पानी पिलवाएँ।

धाँय-धाँय जलती जून की दोपहरी। आसपास कोई गाँव नहीं। यह सेमलबनी भी खूब है सारे गाँवों से दूर। कितनी भयानक लगती है। न आदमी, न आदमी का पूत। पानी कहाँ से लाएँ? वैसे पास लोटा-डोरी भी है और वहाँ कुआँ भी है, लेकिन...

"क्या करोगे, दादा? एक ओर तुम्हारी इन्सानियत है, दूसरी ओर तुम्हारी जाति।"

"हाँ बचवा, है तो, लेकिन इन्सानियत जाति से बड़ी होती है। जाओ, झट से उस कुएँ से पानी भर लाओ।"

रामहरख पानी भर लाया। परमेश्वर बाबू को बैठाया। उनके मुँह से लोटा लगा दिया। वे बेहोशी में गटर-गटर पी गये। फिर लेट गये। रामहरख ने पानी के छींटे मुँह पर मारे। परमेश्वर ने आँखें मिचमिचायीं। धीरे से खोलीं...देखा, दो आदमी उसके सामने खड़े थे। "कौन?"...उसने धीरे से पूछा।

"मैं हूँ बबुआ, मंगल। आपके गाँव का मंगल हरिजन। आप यहाँ कैसे गिर गये थे?"

धीमी आवाज़ में बाबू बोले—"मैं शहर से आ रहा था कि..." फिर आँखें मूँद लीं।

"बचवा, परमेश्वर बाबू को छोड़ना ठीक नहीं होगा। ये अकेले घर नहीं जा सकते।"

“तो हम क्या करें? इन्हें पानी पिला दिया, अब ये चाहे जाएँ, चाहे रहें। हमने इनका कोई ठेका ले रखा है? अगर मैं इस तरह कहीं गिरा होता और इनके बाप और ये वहाँ से निकले होते, तो कतराकर निकल जाते। जैसे रास्ते में कोई सुअर मरा पड़ा है। या पास आते तो हाथ से नहीं छूते। डंडे से उलटते-पलटते या लात से। फिर मुँह बनाकर चल देते।”

रामहरख की आँखों में प्रतिहिंसा की ज्वाला धधक उठी। लेकिन मंगल की आँखों में व्यथा के आँसू छलछला आये। पता नहीं वे आँसू परमेश्वर बाबू के प्रति थे या अपनी जाति की दुर्दशा के प्रति।

“सो तो ठीक है बचवा, लेकिन परमेसर बाबू ऐसे नहीं हैं। बचपन से जानता हूँ। ये मुझसे बहुत प्यार से बोलते थे। इनकी आँखों में कठोरता नहीं, भोलापन है। अब तो ये शहर में पढ़ते हैं, ऊँचे किलास में। कभी मुझे देखते हैं तो प्यार से हालचाल पूछते हैं। कहते हैं, कोई तकलीफ हो तो कहना। सभी आदमी एक-से नहीं होते, बचवा।”

“अरे दादा, आप नहीं जानते इनकी माया। ये प्यार से बोलना-वालना सब बड़ी जातियों के चोंचले हैं। काम सभी वही करते हैं, कुछ गुस्से से करते हैं, कुछ प्यार से। यही इनका चरित्र है।”

“यह क्या कह रहे हो बचवा?”

“मैं ठीक से जानता तो नहीं हूँ, लेकिन होगा ठीक ही। हमारे मास्टर जी यह बात कहते हैं और मास्टर जी झूठ नहीं बोल सकते।”

“होगा, बचवा। मैंने तो जिन्दगी में जो देखा-सुना है उसे ही सच मानता हूँ। मूरख आदमी हूँ न! बड़ी-बड़ी बातें नहीं जानता। मेरा जो मन कहता है वह करता हूँ। मेरा मन कह रहा है कि परमेश्वर बाबू को घर पहुँचा देना चाहिए।”

“आपका मन कहता है तो चलिए। चले थे अपने काम से लेकिन ऊँचे लोग हमारा काम होने थोड़े देंगे! कभी गुस्से से हमारा काम बिगाड़ेंगे, कभी बीमार होकर। लेकिन इन्हें ले कैसे चलें?”

“तुम साइकिल सँभाल लो। मैं इन्हें पीठ पर लाद लेता हूँ।”

“वाह-वाह, तुम लोग अपने को जिन्दगी-भर जानवर ही समझते रहोगे। इस भयानक गर्मी में जवान आदमी को पीठ पर लादकर मील-भर चलेंगे। अरे इसे साइकिल के कैरियर पर बैठा दीजिए। हम दोनों खींचकर ले चलते हैं।”

“चलो, ऐसे भी देख लो।”

परमेश्वर बाबू को उठाकर साइकिल के कैरियर पर बैठाया गया। वे कुछ होश में आने लगे थे। रामहरख ने साइकिल पकड़ी और मंगल ने परमेश्वर बाबू को पकड़े रखा। साइकिल चली तो डगमगाने लगी। परमेश्वर बाबू तेज बुखार के कारण कैरियर पर डगमगाने लगे। कुछ दूर तक साइकिल ऐसे ही चलती रही। सभी लोग लथपथ हो गये।

"बचवा, इससे तो अच्छा है मैं इन्हें पीठ पर लाद लूँ। आधा रास्ता तो आ ही गये हैं। इतनी दूर तो मैं इन्हें आसानी से ले जा सकता हूँ।"

रामहरख ने मना नहीं किया क्योंकि वह भी थक गया था।

पीठ पर परमेश्वर बाबू को लादे हुए मंगल रामदेव बाबू के दरवाजे पर पहुँचा। पीछे-पीछे साइकिल पकड़े रामहरख था।

बाबू साहब नंगे बदन पूजा कर रहे थे। उनके कण्ठ में रुद्राक्ष की तीन-चार मालाएँ झूल रही थीं। उनके दरवाज़े पर कई लोग बैठे हुए गम्मत कर रहे थे।

"अरे क्या हुआ, क्या हुआ परमेश्वर बाबू को?" सब एक साथ चिल्लाये।

"हम बाप-बेटे जा रहे थे तो देखा कि ये सेमलबनिया में गिरे हुए हैं और पानी-पानी चिल्ला रहे हैं।"

रामदेव बाबू यह दृश्य देखकर पूजा पर से उठे तो नहीं, किन्तु आँखें खोल दी थीं। पानी का नाम सुनते ही तपाक से पूछा—"तब?"

उस "तब" से मंगल सहम गया। रामहरख को भय लगा।

"तब क्या? इन्हें पानी पिलाया।"

"तूने पानी पिलाया?" बाबू साहब उचक कर खड़े हो गये। "किस चीज से पिलाया?"

"और वहाँ कोई चीज थी ही कहाँ? संजोग से हमारे पास लोटा-डोरी था।"

"हरामी, तूने मेरे बेटे को अपने लोटे से पानी पिलाया? नीच!"

मंगल काँपने लगा। हकलाता हुआ बोला—"क्या करता बाबू साहब? पानी और कहाँ से लाता?"

"ओ हरामजादे, आसपास के किसी गाँव में खबर कर दी होती। या मेरे पास दौड़े चले आये होते। या जैसे अब पीठ पर लाद कर लाये तो तभी लाये होते। तुझे पानी पिलाने की हिम्मत कैसे हुई?"

"मालिक, परमेश्वर बाबू की हालत बहुत खराब थी। पानी नहीं मिला होता तो न जाने क्या हो गया होता!"

"चुप बदमाश, मेरा धरम नाश करके न जाने किस जनम का बैर साधा।"

उन्होंने गुस्से में खड़ाऊँ खींचकर मंगल पर दे मारा। मंगल हट गया इसलिए बच गया। तब उन्होंने दूसरा खड़ाऊँ फेंका। वह उसकी पीठ पर लगा।

रामहरख हाहाकार कर उठा—"दादा, और करो इन्सानियत। मैंने मना किया था कि पानी मत पिलाओ। मरते हैं तो मरने दो। तुम फरिश्ता बने फिर रहे हो न। जानवर की तरह पीठ पर लादकर इसे लाये थे इसी इनाम के लिये?"

"कौन है रे यह पिद्दा? बहुत बड़-बड़ कर रहा है।" बाबू साहब ने गुस्से में पूछा।

"इसी का लड़का है। शहर में पढ़ता है न, इसीलिए इतना बोल रहा है।"

"चुप रहो सरऊ, नहीं तो सारी पढ़ाई भुला दूँगा।"

वहाँ जमा लोग कुछ न कुछ बोल रहे थे। रामहरख को आग लग रही थी। उसे इतना गुस्सा आ रहा था कि ईंट-पत्थर फेंककर बाबू साहब का सिर तोड़ दे।

"हाय! मेरे धरम का नाश कर दिया!" कहकर बाबू साहब ने माथा पकड़ लिया। लगा जैसे रो देंगे।

"भाग जा सरऊ लोग मेरी आँखों के सामने से। नहीं तो मैं एक का खून कर दूँगा।"

"चल बचवा, चल।" कहकर मंगल ने रामहरख का हाथ पकड़ लिया।

"जमाना बहुत खराब आ गया है।" रामहरख गुस्से से भरा बाबू-समाज को घूरता हुआ मंगल के साथ चल पड़ा।

पानी पीकर और थोड़ा-सा आराम पाकर परमेश्वर होश में लौट आया था। उसने देखा कि मंगल और रामहरख जा रहे हैं, तो किसी से कहा—"उन्हें मेरे पास बुलाओ।"

"अरे रुको मंगल, परमेश्वर बाबू बुला रहे हैं।" एक आदमी चिल्लाया।

"हम नहीं जाते किसी के बुलाने पर। चलो दादा, घर चलें।" कहकर रामहरख मंगल का हाथ पकड़कर खींचने लगा।

"रामहरख!" परमेश्वर ने बुलाया।

"क्या है?" कहकर वह गुस्से में भरा रुक गया।

परमेश्वर खाट पर बैठ गया था। उसने हाथ से इश्शरा किया। उसके इशारो में कुछ ऐसा था कि रामहरख के पाँव थम गये। वह धीरे-धीरे मंगल के साथ आकर उसके पास खड़ा हो गया। दोनों के सिर झुके हुए थे।

"मंगल, चाचा।" उसने थकी आवाज़ में कहा, जैसे बोलने में साँस फूल रही हो। मंगल ने अचकचाकर परमेश्वर को देखा। "चाचा!" इसने चाचा कहा है। परमेश्वर की आँखें भर आईं थीं।

"चाचा, मुझे भी अपने साथ ले चलो। मुझे अपने लोटे का पानी पिलाकर अछूत बना दिया तो मैं अब इस घर में कैसे रह सकता हूँ? मुझे अपने ही घर ले चलो।"

"क्या बकवास करते हो? इन नीचों को मुँह लगाते हो?" ठाकुर रामदेव चिल्लाये।

"बकवास नहीं कर रहा हूँ, पिताजी! ये नीच नहीं हैं। नीच तो वह धर्म है जो आपसे इनकी बेइज्ज़ती करा रहा है। इन बेचारों ने मेरी जान बचाने के लिए पानी पिलाया। इस भयानक गर्मी में अपनी पीठ पर ढोकर ले आये। आखिर ये मेरे क्या लगते हैं? और आप मेरे पिता हैं? मैं मर रहा हूँ कि जी रहा हूँ, इसकी चिन्ता न करके आप अपने खोखले धर्म की रक्षा में परेशान हो उठे और इन्हें मारा, इन्हें गालियाँ दीं। इनका अपराध यही था न कि इन्होंने आपके बेटे की जान बचायी। आप चाहते हैं कि मैं भले ही मर गया होता लेकिन आपका खोखला धर्म-दंभ सुरक्षित रहता। ठीक है तो मैं अछूत हो गया। अब इन्हीं के साथ रहूँगा। रामहरख मेरा

भाई है।" कहते-कहते वह हाँफ गया और थककर धम्म से खाट पर चित्त हो गया।

मंगल की आँखें भींग गयीं। उसने रामहरख की ओर देखा, उसकी आँखों का तनाव गायब था।

"चलिए मंगल चाचा, आपके घर चलता हूँ।" कहकर परमेश्वर ने उठने की कोशिश की, किन्तु लड़खड़ाकर गिर गया।

दौड़कर रामदेव बाबू ने उसे संभाल लिया—"अरे इसे तो बहुत तेज बुखार है। कोई वैद्य जी को बुलाओ।" कहकर रामदेव बाबू परमेश्वर की खाट पर बैठ गये। परमेश्वर की आँखें बुखार और थकान से मुँद गई थीं।

रामदेव बाबू की आँखों में बाप की वेदना उभर आयी। उन्हीं आँखों से मंगल और रामहरख की ओर देखा। उस दृष्टि में एक नया भाव था। वे कुछ कहना चाहते थे, किन्तु कह नहीं पा रहे थे।

"चल बेटे, चलें।" मंगल ने रामहरख का हाथ थामते हुए कहा।

परदेश में

मैं अपने कमरे में बैठा हुआ कुछ लिख रहा था कि करुणा यानी मेरी श्रीमतीजी की तेज़-तेज़ आवाज़ सुनाई दी। उठकर उनके पास गया तो देखा उनकी कोई सहेली आयी हुई है। और श्रीमतीजी उन्हें समझा रही हैं कि बेटी को विदेश में मत ब्याहो।

गेट खटका। मैं चला गया। डाकिया था। एक रजिस्ट्री थी और कुछ पत्रिकाएँ थीं। मैं पत्रिकाएँ देखने लगा और पास के कमरे से पत्नी की आवाज आती रही।

कुछ देर बाद सहेली चली गयी तब वे मेरे पास आईं। कुछ उत्तेजित सी थीं। मैंने पूछा—"क्या बात है? अपनी सहेली को क्या समझा रही थीं।"

"पूछिए मत। लोगों का दिमाग़ ख़राब हो गया है। बेटों को तो विदेश भेजने में शान समझते ही हैं बेटियों का भी विदेश स्थित कमाऊ देशी युवकों के साथ विवाह कर देने में गौरव अनुभव करते हैं। उन्हें अपने देश में कोई योग्य वर दिखाई नहीं देता।"

"तो?"

"अरे तो क्या? मेरी सहेली अपनी बेटी का विवाह कनाडा में बसे हुए एक भारतीय युवक से कर रही है। वह वही ख़ुशख़बरी देने आयी थी।"

"तो?"

"तो यह न उस लड़के के बारे में कुछ खास जानती है न उसके परिवार के बारे में। यह भारतीय मूल का युवक कनाडा से एक हिन्दुस्तानी लड़की ढूँढने आया है। उसने अखबार में विज्ञापन दिया था। बस उसी विज्ञापन के सहारे वह सहेली तक पहुँचा और उसे तथा उसके परिवार को अपने ठाट-बाट से प्रभावित कर दिया। लड़की भी शायद विदेश का मोह पाले होगी।"

"फिर?"

"अरे मैंने सहेली को समझाया कि इस अधकचरे परिचय से अपनी बेटी विदेश मत भेज। उसे मैंने यहाँ से विदेश जाकर दुर्गति भोगने वाली कई लड़कियों की कथा सुनाई। एक कथा तो मेरी प्रिय सहेली की ही है। उसकी याद आती है तो रूह काँप जाती है।"

एक चुप्पी-सी छाई रही। "फिर करुणा जी बोलीं—"आप भी तो विभा को जानते हैं।"

"विभा? कौन विभा?"

"अरे उसका मकान पिताजी के मकान के पास ही तो था। वह मेरे साथ पढ़ती थी।"

"हाँ, हाँ याद आया। बड़ी प्यारी-सी, सुन्दर-सी लड़की विभा। जब मैं ससुराल गया होता था तो उससे भेंट होती थी। वह हँस-हँस कर चुलबुले शब्दों से मेरी आरती उतारती थी। हाँ तो उसका क्या हुआ?"

"बड़ी करुण कथा है उसकी। आपको कभी सुनाई थी क्या?"

"नहीं।"

"तो सुनिये। हम जिस मोहल्ले में रहते थे उससे सटे मोहल्ले का एक लड़का स्टेट्स में नौकरी करता था। वह वहाँ से आया हुआ था। उसका नाम धनंजय था। विभा का घर बहुत सम्पन्न था। गाँव में अच्छी जमीदारी थी और विभा की माँ शिक्षा विभाग में एक ऊँचे पद पर थी। विभा के लिए अच्छे घर-बार की तलाश हो रही थी। धनंजय को ज्ञात हुआ तो उसने अपने को विभा के माँ-बाप के सामने प्रस्तुत कर दिया। उसने स्टेट्स में अपनी अच्छी नौकरी की स्थिति बतायी। लड़का चूँकि अपने ही शहर का और पास के मोहल्ले का था अतः संबंध जुड़ने में कोई कठिनाई नहीं हुई।"

"तब?"

"तब क्या धनंजय शादी करके स्टेट्स चला गया। कुछ समय बाद जब वीज़ा बन गया तब विभा भी वहाँ पहुँची। शुरू में उसके पत्र आये किन्तु बाद में आने बन्द हो गये।"

"रम गयी होगी अपनी गृहस्थी में। समय नहीं मिलता रहा होगा।"

"नहीं राजीव जी, नहीं। बात कुछ और थी। चार साल बाद उसकी एक लम्बी चिट्ठी आयी। वह चिट्ठी क्या थी उसकी व्यथा-कथा थी।"

मैं करुणा की ओर जिज्ञासा भरी नज़रों से देखने लगा। वे कुछ देर चुप रही, फिर बोलीं, "वह चिट्ठी आपको नहीं पढ़वाई थी। सोचा था किसी की व्यथा-कथा क्यों आप पर लादूँ। मेरी सहेली की व्यथा-कथा है, मैं ही ढो लूँ। लेकिन आज के विशेष सन्दर्भ में चाहती हूँ कि आप वह चिट्ठी पढ़ें और इसे अपनी लेखनी से सर्जनात्मक रूप दें।"

मैंने मौन स्वीकृति दे दी और करुणा जी अपने बक्से में से वह चिट्ठी निकाल ले आयीं और बोलीं—"लीजिए पढ़िए।"

"नहीं आप पढ़िए, मैं सुनूँगा।"

तो लीजिए मैं ही पढ़ती हूँ—

"मेरी प्यारी सखी करुणा,

मैं जब धनंजय के यहाँ आयी तब बहुत प्रसन्न थी। इस देश का सौन्दर्य तो

प्रभावित कर ही रहा था, मन में नये दाम्पत्य जीवन का उल्लास भी था। लेकिन बहना, क्या बताऊँ बाद की कहानी? बाद में बुरे दिन शुरू हो गये। महीने भर बाद एक औरत कहीं से टपक पड़ी। ज्ञात हुआ कि यह धनंजय की पत्नी है। धनंजय ने महीने भर के लिए उसे कहीं और रख छोड़ा था। मैं तो सन्न रह गयी। जब मैंने प्रतिरोध किया तब इन दोनों द्वारा प्रताड़ित होने लगी। समझ नहीं पायी कि जब धनंजय शादीशुदा था तब उसने मुझसे शादी क्यों की। फिर समझ गयी कि इसने दहेज की खातिर मुझसे ब्याह रचाया। मेरे माता-पिता ने इसे क्या-क्या नहीं दिया। जानवरों का यह डॉक्टर जानवर ही निकला। करुणा बहन, देश-घर से दूर निपट अकेली मैं एकदम असहाय हो गयी।''

पत्र पढ़ते-पढ़ते करुणा भावुक हो उठीं, गला भर आया। आँखों में आँसू छलक उठे। थोड़ा रुक कर आँखें पोंछीं, गला सापफ किया। फिर चिट्ठी पढ़ने लगीं—

''मेरा प्रतिरोध मुझे बहुत भारी पड़ने लगा। जानवरों के दोनों जानवर डॉक्टर मुझे बुरी तरह पीड़ित करने लगे। मैं कहीं भाग न जाऊँ या पुलिस केस न कर दूँ इसलिए दोनों नौकरी पर जाते समय मुझे खम्भे से रस्सी से बाँधकर खिड़की और किवाड़ बन्द कर देते थे। कई बार तो उन्होंने मुझे बर्फ की सिल्ली पर लिटा दिया। मैं छटपटाती रही और ये दोनों ठहाकर हँसते रहे। कमरे में न कलम थी, न कागज, न फोन। मैं किससे और कैसे अपना दुख-दर्द कहती?

बहना, ऐसे ही, यातना में जी रही थी। एक दिन उन्होंने मुझे बाँधा तो लेकिन खम्भे से बाँधना भूल गये और संयोग से खिड़की का पल्ला भी खुला रह गया। मैं खिड़की के पास बैठ कर चिल्लाने लगी—''बचाओ, बचाओ, कोई मुझे बचाओ।'' लगता है उस दिन ईश्वर मेहरबान था। एक आदमी खिड़की के पास आया और हिन्दी में बोला—''मैडम क्या बात है?'' मुझे यह जानकर बड़ी खुशी हुई कि यह व्यक्ति हिन्दी भाषी है। मैंने संक्षेप में उसे अपनी कहानी सुना दी। उसने पुलिस को फोन किया। पुलिस ने ताला तोड़कर मुझे बाहर निकाला।

पुलिस दोनों जानवर ''डॉक्टरों को पकड़ने अस्पताल चली गयी और बाद में उन पर कानूनी कार्रवाई की किन्तु अब समस्या यह थी कि मैं कहाँ जाऊँ? मुझे बचाने वाले युवक ने कहा—''कुछ समय के लिए आप मेरे यहाँ चल सकती हैं। मैं आपके भारत लौटने का प्रबन्ध कर दूँगा।'' उसने बताया कि वह मूलतः वाराणसी का है और उसका नाम शिवेन्द्र है।'' उसके घर जाने के सिवा कोई और विकल्प नहीं था। दूसरे दिन उसने कहा कि वह मेरे टिकट की व्यवस्था करने जा रहा है। मैंने कहा—''नहीं शिवेन्द्र जी, यह सब मत कीजिए। मैं किस मुख से लौटूँ? मेरे माता-पिता दुखी हो जायेंगे।''

उसने कहा—''तब क्या कीजिएगा?''

''सम्भव हो तो कोई नौकरी ढूँढ़ दीजिए।''

वह चुप रहा। फिर उसने बहुत संकोच के साथ कहा–"देखिए मैं अकेला हूँ। यदि आप मेरी जीवन-संगिनी बनने की स्वीकृति दें तो मुझे बहुत प्रसन्नता होगी। हाँ आपने जो पुरुष-यातना भोगी है उसके कारण किसी पुरुष पर विश्वास करने में कठिनाई हो सकती हैं।" मैं कुछ देर स्तब्ध सी बैठी रही। सोचती रही–"क्या कहूँ?" मेरे दर्द ने कहा–"सोच मत पगली कि यह कौन है, किस जाति का है? बस महसूस कर यह एक नेक आदमी है जिसमें तुम्हारे लिए दर्द है। तू जान कि दर्द दर्द का सच्चा साथी होता है।"

मैं खड़ी हो गयी और उसकी ओर हाथ बढ़ा दिया। शिवेन्द्र बहुत बड़ा मनुष्य है करुणा। वह मुझे बेहद प्यार और सम्मान दे रहा है उसके कारण मैं अपना पिछला सब कुछ भूल गयी हूँ और उसे भी मेरे अतीत से कुछ लेना-देना नहीं है। तुम कैसी हो करुणा? अपना हाल चाल लिखना।

तुम्हारी वही प्रिय सहेली

विभा

विभा की कहानी की यह परिणति मुझे गहरा सुख दे गयी। मैं करुणा से बोला–"सच है करुणा, इस संसार में धनंजय है तो शिवेन्द्र भी है। इसीलिए मनुष्यता के प्रति मेरा विश्वास सदा बना रहा है।

लड़की

उसने एक बार देखा, फिर सिर झुकाकर पढ़ने लगी। उसका बड़ा भाई सुड़क-सुड़क दूध पीता रहा।

मैंने पूछा—'क्यों सावित्री, तुम दूध पी चुकी?'

उसने मेरी ओर देखा, कुछ बोली नहीं, पढ़ने लगी।

जाड़े की सुबह थी। घर के सामने धूप निकल आयी थी। मैं चारपाई पर बैठा हुआ एक किताब पढ़ रहा था और सामने चटाई पर धूप में मेरे भतीजे के दोनों बच्चे अपना-अपना काम कर रहे थे। लड़का स्वेटर पहने था, पाँव में जूता था। लड़की के पैर नंगे थे और वह केवल सूती फ्राक पहने थी।

"ए कोंचता क्यों है, पढ़ने दो।" लड़की चिल्लायी।

मैंने देखा—लड़का उसे कोंच रहा था, उसकी कलम छीन रहा था।

"अपने तो खुद पढ़ता नहीं, मुझे भी नहीं पढ़ने देता। दिन-रात शैतानी करता है।"

लड़की ने लड़के को थोड़ा परे ढकेल दिया। वह थोड़ा लुढ़क गया। वह उठा और बहन के बाल पकड़कर खींचने लगा। लड़की ज़ोर-ज़ोर से चीखने लगी।

मुझे गुस्सा आ रहा था। इच्छा हुई कि उठकर तीन-चार झापड़ इस बदतमीज़ लौंडे को रसीद कर दूँ, लेकिन अपनी हैसियत समझकर चुप रह गया। दो दिन के लिए मेहमान की तरह शहर से यहाँ आया हूँ, मारने पर पता नहीं क्या प्रतिक्रिया हो माँ-बाप की। इसलिए केवल डाँटा—"छोड़ छोड़, क्यों उसे मार रहा है?'

वह मेरी परवाह किये बिना अपना काम करता रहा। बच्चों की माँ किसी काम से बाहर निकली, दृश्य देखा और चुपचाप फिर अन्दर चली गयी। मैंने सोचा—शायद माँ को किसी बात को चिन्ता नहीं है। मैं ही कुछ करूँ।

तब तक लड़की ने आजिज आकर लड़के की बाँह पर दाँत गड़ा दिये।

"अरे बाप, मार डाला।" वह चिल्लाने लगा।

माँ जाते-जाते मुड़ पड़ी। झपटकर आयी और बच्च को गोद में उठा लिया।

"क्या हुआ, रे?"

"इसने काट लिया, अरे बाप रे।" वह और भी ज़ोर से चिल्लाने लगा।

माँ ने लड़की की पीठ पर तीन-चार लात जमाते हुए पूछा—"क्यों री चुड़ैल,

इसे काट क्यों लिया?''

लड़की सुबकती हुई बोली—''मैंने काटा नहीं। यह मेरी कलम छीन रहा था। बाल खींच रहा था, छोड़ ही नहीं रहा था। छुड़ाने के लिए मैंने हल्के से, दाँत गड़ा दिये।''

''नहीं माँ, इसने जोर से काटा है।''

''चुड़ैल कहीं की। कलम छीन रहा था तो दे दिया होता। पढ़-लिखकर लाट-गवन्नर बनेगी क्या?''

माँ ने कलम छीनकर लड़के को दे दिया। उसे पुचकारते हुए बोली—''लो लिखो, मेरे लाल?''

''हाँ लिखो मेरे लाल!'' लड़की ने मुँह चिढ़ाते हुए कहा, ''इसे लिखने भी आता है? रोज क्लास में पिटता है।''

''चुप कर और चल काम कर। बैठ गयी सवेरे-सवेरे पोथी-पत्रा लेकर। राख पड़ी है खेत में फेंक आ।''

लड़की उठी। थोड़ी देर बाद वह सिर पर राख की खाँची उठाये हुए खेत की ओर जा रही थी। साहबज़ादे कलम—वोलम फेंककर खेलने चले गये।

दोपहर हुई। लड़की माँ के इशारों पर भाग-भागकर धर का काम करती रही।

मैं अपने भतीजे के साथ खाना खाने बैठा तो देखा—सामने लड़की चुपचाप बैठी है।

मैंने पूछा—''सावित्री, तुमने अब तक खाना नहीं खाया क्या? चेहरा उतरा-उतरा-सा है। आओ, तुम भी बैठ जाओ।''

''अरे वह बाद में खा लेगी। खाइए, आप लोग।''

मैंने भतीजे की ओर देखा, उसके चेहरे पर कोई प्रतिक्रिया नहीं थी। तब तक लड़का कहीं से आ गया—धूल-धूसरित-सा। चिल्लाने लगा—''अरे बड़े जोर की भूख लगी है। माँ खाने को दो।''

''आओ-आओ, मेरे लाल! जल्दी से मुँह-हाथ धो लो, तब तक खाना परस रही हूँ।''

उसने सामने पड़े कटोरे को पाँव से मारा—झन्नअ...और पाँव पटकता हुआ बोला—''नहीं, पहले खाने को दो, भूख लगी है।''

''अच्छा भाई, गुस्सा मत करो। लो खा लो।'' माँ ने झट से उसके सामने थाली रख दी। मैंने भतीजे की आरे फिर देखा। वह निर्विकार भाव से खाये जा रहा था। लड़की चुपचाप मार खायी-सी अपनी जगह सिमटी-सिकुड़ी बैठी थी। मुझे यह सब बहुत अजीब लग रहा था। लड़की को उदास देखकर खाने की इच्छा नहीं हो रही थी। बस किसी तरह कौर निगल रहा था।

खा-पीकर बरामदे में लेटा था। लड़का वहीं खेल रहा था। एकाएक चिल्लाने

लगा—"अरे माई रे, पेट में दरद हो रहा है।"

"टट्टी जाओगे?"

"नहीं, दरद हो रहा है।"

मैंने कहा—"लगता है कुछ गड़बड़-सड़बड़ खा लिया है।"

"गड़बड़-सड़बड़ तो क्या खाया होगा। हम लोग जो खा रहे हैं, वही यह भी खा रहा है।" बाप ने बयान किया।

"तो ज्यादा खा लिया होगा।"

"अरे, कहाँ? यह कमबख्त तो खाता नहीं है, बस टूँगता है।"

"हाँ।" मैंने कहा। कल से इसे टूँगते हुए देख रहा हूँ।

"अरे बहुत तेज दरद हो रहा है।" वह चिल्लाया।

'सावित्री!'

"हाँ, बाबूजी।" कहती हुई वह भागी-भागी बाहर आयी। उसके हाथ में दाल-भात से भरा कटोरा था। शायद वह खा रही थी, खाते-खाते भाग आयी थी।

"देख, खाना-वोना बाद में कर लेना, जरा भागकर वैद्य जी को बुला तो ला। तब तक मैं बनिया के यहाँ जा रहा हूँ सोडा लेने।" फिर वहीं से चिल्लाकर अपनी पत्नी से कहा—"अरे मुन्ने को सँभालना और थोड़ा पानी गरम करके रखना इसके पेट में दरद हो रहा है।"

मैंने कटोरे को देखा—दाल और भात। लेकिन हम लोगों को तो बढ़िया चावल का भात मिला था। और इस लड़की के लिए सब्जी-वब्जी कुछ नहीं।

भतीजा बनिया के यहाँ से झल्लाया हुआ लौटा—"साला कुछ नहीं रखता। दुकान खोल रखी है और जो चीज माँगो, वही नदारद।"

तब तक सावित्री आ गयी।

"बाबूजी, वैद्य जी तो कहीं गये हुए हैं।"

"अरे यह कुलछिनी जहाँ जाएगी वहीं काम नहीं होगा।" माँ ने टिप्पणी जड़ी। लड़का चिल्लाये जा रहा था।

"रुको-रुको तुम लोग, परेशान हो।" शायद मेरे पास पेट-दरद की कुछ गोलियाँ हों।

गोलियाँ मिल गयीं। खिलाया। लड़का राहत अनुभव करने लगा। उसे नींद आने लगी। माँ उसे लेकर अन्दर चली गयी और सावित्री से कहती गयी—खाकर जूठे बरतन माँज डालना।

मैंने सावित्री को गोद में उठा लिया। इस लड़की के लिए मैं भीतर तक आर्द्र हो आया था। उसे प्यार किया, फिर कहा—'तुम्हारा खाना पड़ा है, खा लो, बेटे।'

गोद से उतरकर उसने कटोरा उठा लिया। धीरे-धीरे खाने लगी। एक निरुद्वेग उदासी उसके चेहरे से चिपकी हुई थी।

मैंने कहा—''सावित्री बेटे!''

उसने खाने-खाते चेहरा ऊपर उठाया। जैसे कह रही हो, 'हाँ, कहिए।'

''तुम्हें बुरा नहीं लगता?''

''क्या, दादाजी?''

''अरे यही, जो तुम्हारे साथ होता है।''

उसने इनकार में सिर हिलाया।

''क्यों?''

''लड़की हूँ? न।''

मैं भीतर तक चरमरा गया। लड़की उसी निरुद्वेग भाव से खाती रही।

हद से हद तक

चलते-चलते वह बायीं ओर के मकान के सामने रुकी, जेब से सिगरेट और दियासिलाई निकाली और सिगरेट जलाकार मुँह से लगा लिया। दूर उसका बाप खड़ा था, उसने गुस्से से मुँह फेर लिया। वह अब सिगरेट पीती नहीं थी, केवल बाप के लिए दो-एक सिगरेट जेब में रखती थी। बाप हरामजादा, वह मुस्करायी, आगे चल दी। खिड़की में से झाँकती हुई माँ की आँखें दिखाई दीं। वह एक पल रुकी, हाथ जोड़े और आगे बढ़ गयी।

वह रोज इस रास्ते से गुजरती थीं। कहीं बरतन माँजती थी, वह गुज़रती थी कि इसी बहाने माँ से भेंट हो जायेगी। जिस दिन बाप नहीं होता था, उस दिन माँ उसे देखते ही इशारा करती थी। इशारा पाते ही वह आगे बढ़ जाती थी और थोड़ी देर बाद माँ निकलकर चौराहे पर पहुँच जाती थी। उसका हालचाल पूछती थी और कुछ होता था तो उसे चुपके से दे देती थी। वैसे उसके पास होता ही क्या था? उसकी बड़ी इच्छा होती थी कि उसे घर बुलाये, चाय पिलाये, लेकिन बड़ी बेटी जो थी। बाप के आते ही लगा-बुझा देती थी और बाप उसकी कुटम्मस करने लगता था। बेटी नहीं, वह उसकी सौत थी।

एक दिन चौराहे पर झाड़ी की आड़ में माँ उससे बात कर रही थी कि बाप कहीं से पहुँच गया। इन्हें बात करता देख रुक गया और लड़की से बोला, ''क्यों री कुतिया, तू फिर इधर आने लगी?''

''खबरदार, मुझे गाली मत दो। मैं तुम्हारी कोई लगती नहीं हूँ और यह तुम्हारा घर नहीं है, सड़क है। इस पर आने-जाने से तुम्हारे फरिश्ते भी नहीं रोक सकते।''

बाप तिलमिलाकर रह गया और अपनी बीवी को वहीं से घसीटता और मारता घर की ओर ले गया, ''हरामजादी, बेटी का मोह अभी नहीं छूटा, जैसी तू वैसी बेटी। घर का सामान चुरा-चुराकर इसके पास पहुँचाती है।''

वह खड़ी सोचती रही-पिटती हुई माँ गाय की तरह डकारती हुई चली जा रही थी, माँ और वह, वह और माँ, दोनों ने इस घर में पिटने के सिवाय क्या पाया है?

इसलिए जब वह दरवाज़े से गुज़रती है, तब माँ कमरे में से चुपचाप झाँकती रहती है और वह आँखों-आँखों में या हाथ जोड़कर माँ को प्रणाम कर लेती है और

बाप को देखते ही सिगरेट पीने लगती है।

वह आगे बढ़ी तो कहीं से बहन आती दिखायी पड़ी। आहा, आज से सँजी-सँवरी है—हिजड़ा लगती है। साली जवानी में ही बूढ़ी हो गयी। दिन-रात बाप के लिए मशीन की तरह काम करेगी और बाप को धन्ना सेठ बनने की इच्छा है। साला बाप है कि कसाई...लड़कियों के बलबूते पर अमीर बनने का सपना देखता है। यह कभी सोचा ही नहीं कि लड़कियाँ मशीन नहीं, आदमी हैं, उनका अपना सुख-दुख है। उन्हें बाप के साथ-साथ मरद भी चाहिए। उन्हें रोटी के साथ-साथ और कुछ चाहिए, लेकिन यह बाप तो बस धनी होना चाहता है। खुद मशीन बन गया है और बीवी और बेटियों को भी मशीन बनाना चाहता है। बड़ी बहनजी तो मशीन बन गयीं, इसलिए उसका मान-सम्मान है वे ही मालकिन हैं, वे जो चाहती हैं, खाती-पीती है। और जवानी में बूढ़ी होती जाती हैं।

बड़ी बहन के आते ही उसने सिगरेट का धुआँ मुँह में से छोड़ा, जो बड़ी बहन के मुँह से टकरा गया।

"छिनाल कहीं की!" बड़ी बहन बुदबुदायी और वह हँसती हुई आगे बढ़ गयी।

छिनाल ही सही, अब मैं आजाद तो हूँ। तेरी तरह बाप और मशीन की गुलाम तो नहीं बन गयी हूँ। साली, बड़ी बहन बनकर सारा रास्ता ही बिगाड़ दिया। बैठ गयी बाप की दासी बनकर। घर में न राग न रंग, न कहीं जाना न आना। न होली मनाना न दिवाली, न कोई उत्सव न जलसा। बस काम-काम और बाप को खाली पैसे चाहिए, बेटी की शादी की चिन्ता ही नहीं। अब जब पैसे हो गये तो बापजान को बेटी की शादी की चिन्ता हुई है। अब यह बुढ़िया अच्छे कपड़े और गहने पहनकर घूमती है। कई लोग आये और मुँह बिचकाकर चले गये। हुँह, आयी है शादी करने।

वह धीरे-धीरे चलती रही, फिर पार्क में जाकर बेंच पर बैठ गयी, कहाँ जाये? अभी से घर लौटकर क्या करेगी? घर वह घर के नाम पर मुस्करायी। वाह रे घर! पिता का घर, पति का घर, होटल का घर, फिर एक घर, लेकिन उसका घर कहाँ है? सुना था कि पति का घर ही औरत का घर होता है। तभी तो उसने बाप से विद्रोह किया, बड़ी बहन के आदर्श रास्ते से विद्रोह किया और पति के मन की इच्छा मन में बसाये हुए बाप से पिटती रही, बहन से पिटती रही, लेकिन माँ भी तो एक मरद की औरत ही है। कहाँ मिला उसे घर? उसे लगा, माँ चिल्ला रही है बाप और बहन उसे बाँधकर मार रहे हैं, घसीट रहे हैं, और छोटी बहन टुकुर-टुकुर देख रही है। वह सीधी है, लेकिन वह भी बड़ी बहन के रास्ते पर है, इसलिए उसे भी प्यार मिलता है, लेकिन ठंठा गाय बनती जा रही है।

उसने बड़ी बहन के रास्ते पर चलना नामंजूर कर दिया। उसे पढ़ने की इच्छा थी, लेकिन पढ़ने नहीं दिया गया। उसे मशीनी काम में जोता जाने लगा। उसने इनकार कर दिया। उसे इच्छा थी, एक जिन्दगी जीने की-औरत की तमाम इच्छाओं

के साथ जीने की। बाप और बहन उसे किसी काम पर लगाते तो वह थोड़ा-बहुत करके अलग हट जाती और छत पर खड़ी होकर लोगों को आते-जाते देखती रहती। वह सुन्दर नहीं है बल्कि, कुरूप कहा जाता है—काली-कुरूप। उसकी ओर कोई निगाह नहीं उठाता। लेकिन वह सुन्दर जवान लड़कों को सामने से जाती देखती तो उसके भीतर तूफान उठ खड़ा होता। इच्छा होती उसे बुलाये और छाती में दबाकर तोड़ दे। शायद उसके चेहरे पर एक मुस्कान खिंची होती, लेकिन जब कोई उसे यों हँसते देखता तो घबराकर आगे बढ़ जाता या नफरत से थूक देता।

"क्या वह बुरी बात है?" बार-बार सोचती और टूटती जाती।

कई बार उसे इस हालत में बहन ने देख लिया। पीटा और बाप से कहा। फिर क्या था—उसे बाँधा गया और जानवर की तरह पीटा गया। बार-बार पीटा गया। भरपेट खाना न उसे मिलता था, न माँ को। फिर आये दिन पिटाई ऊपर से होती थी। माँ बोलती थी तो उसे भी घसीटकर मारा जाता था। उसे भी भूखा रखा जाता था।

कितना मन होता था कि वह भी होली में रंग खेले, दीवाली में दिये जलाये, पड़ोसियों की शादियों में जाये और नाचे-गाये लेकिन इस मातमी घर में किसी चीज की छूट नहीं थी। बस, मशीन चलाओ और पैसे बटोरो। और गाहे-बगाहे पड़ोसियों से झगड़ा करो।

साला बाप ऊँची जाति का बनता है। उसने भी उसकी ऊँची जाति खूब निकाली। भाग गयी एक छोटी जाति के आदमी के साथ। उसके लिए क्या ऊँची जाति, क्या छोटी जाति। वह उसके पागलपन के दिन थे। भीतर से बाहर तक अपनी जवानी की आग में जल रही थी। कोई सहारा नहीं मिलता था। जिसकी ओर प्यार से देखती, वही थूककर आगे बढ़ जाता। पड़ोस में मकान का काम चल रहा था। वह आदमी एक मिस्त्री से मिलने अक्सर आता था। वह कभी-कभी उसकी ओर मुस्कराकर देख लेता था। एक दिन घर में पिटकर वह पार्क के कोने में जाकर बैठ गयी थी। अँधेरा हो गया था। वह आदमी आया और उसके सामने कुछ खाने की चीज़ डालता हुआ बोला, "बीवी, तुम्हारी तकलीफ देखी नहीं जाती, लो कुछ खा लो।"

उसने उसको देखा-तीस एक साल का एक जवान, काला आदमी। कितना सुन्दर लगा था वह।

"नहीं-नहीं, तुम अपने रास्ते जाओ भाई नहीं तो घर वाले देख लेंगे। मेरी तो मरम्मत होगी ही, तुम्हारी भी खैर..."

"मेरी खैर नहीं?" उसने बड़ी अकड़ के साथ कहा—"अरे मुझसे टकरायेगा तो मैं तो उस तमूरे को तोड़ दूँगा।"

उसने उसकी ओर देखा और एक गहरी आश्वस्ति अनुभव की। सहारा पाकर सिसकने लगी।

"नहीं, सिसको मत। खा लो और घर जाओ।"

"मैं घर नहीं जाऊँगी।"

"तो क्या करोगी?"

"कहीं डूब मरूँगी। तंग आ गयी हूँ इस जिन्दगी से।"

"नहीं, ऐसी बात मत करो।"

"तो कैसी बात करूँ? किसके सहारे जियूँ?"

"खोजोगी तो सहारा मिल ही जायेगा।"

"तुम?"

उसने उसका हाथ थाम लिा, "जाओ, घर जाओ और मेरे साथ चलने की तैयारी कर लो।"

"और तुम्हारी घरवाली?"

"नहीं, कोई नहीं है मेरे साथ।"

रात भर देह दुखती रही, मगर मन में सपने तैरते रहे-एक अजनबी आदमी के साथ भागने के सपने। यह कौन है, किस जाति का है, क्या करता है, कैसा है, उसे कुछ भी तो मालूम नहीं, फिर भी, उसे लेकर प्यारे सपने मन में तैरते रहे। ये सपने डरावने भी तो हो सकते हैं, लेकिन जो अपने हैं, उनके साथ का यथार्थ यदि खुद बहुत डरावना हो जाये तो अजनबी के साथ की सम्भावना मीठी लगने लगती है।

एक दिन उसके साथ भाग गयी। जनकपुरी की इस दुनिया से निकलकर वह कहाँ जायेगी, इसका उसे भान नहीं था। सुबह जहाँ पहुँची, वह गाजियाबाद का एक मोहल्ला था। एक गन्दी संकरी गली। एक झुग्गी-झोंपड़ी वाली कालोनी में एक कमरा लेकर कल्लन रहता था।

उसे अब मालूम पड़ा कि यह पंजाब का है। पंजाब के किसी गाँव से आया है। जाति का कुछ पता नहीं, लेकिन है किसी पिछड़ी हुई जाति का ही और किसी फैक्टरी में काम करता है।

और वे दिन कितनी मस्ती के थे। लगता था कि उसकी जवानी की लहराती नदी का बाँध टूट गया हो और वह सब कुछ को अपने में डुबाती चली जा रही हो। कल्लन भी जवान था, बलवान था। लगता था, जैसे जन्म-जन्मान्तर से भूखी लपटें साँप की तरह लिपटकर हर दिन और रात की छाती पर अपनी हिलती हुई परछाइयाँ छोड़ रही थीं।

इतनी भूख, इतनी प्यास जैसे कोई अन्त ही न हो। पूरा साल बीत गया, बीच-बीच में माँ की याद आती रही और उसकी याद के साथ घर की पूरी डरावनी शक्ल भी काँप जाती।

वह माँ बन गयी। एक बच्ची पैदा हुई। वह बहुत चाहती थी कि एक बार माँ यहाँ आ जाती या वह जाकर माँ से मिल पाती किन्तु कल्लन मना कर देता। डाँटकर

कहता, "अब यहाँ चुपचाप रहो, भूल जाओ पिछला सब कुछ।"

वह मन मारकर रह जाती। एक दिन कल्लन से बहुत प्रार्थना की कि किसी से सन्देशा भेजकर चुपके से माँ को बुलवा लो। कल्लन नहीं माना तो वह बिगड़ पडी–"आखिर तुमने मुझे क्या समझ रखा है। मैं तुम्हारी बीवी हूँ, कोई जेल की कैदी तो नहीं हूँ, क्या मैं अपनी माँ से नहीं मिल सकती?"

"तो जाओ, मिल आओ, मैं क्या तुम्हारा नौकर हूँ जो तुम्हारे कमीने माँ-बाप के यहाँ सन्देशा भेजता रहूँ। जाओ, चली जाओ, सरग से आयी हो न कि याद आ रहा है। उस नरक से निकाल लाया और यह रण्डी उसी नरक में जाना चाहती है।"

वह कुछ नहीं बोली। उसे कल्लन के लक्षण इधर अच्छे नहीं लग रहे थे। अब वह साथ सोने के समय कहता–"नहाती-धोती नहीं हो क्या? बदबू करती हो।" बात-बात में गालियाँ देता, घर भी देर से आता। उसकी जरूरत की चीजों के प्रति लापरवाही बरतता। इसलिए वह चुप रही, नहीं तो इच्छा हुई कि माँ को गाली देने वाले का मुँह नोच ले और चिल्लाकर कहे–"रण्डी होगी तेरी माँ।"

और एक दिन वह फिर बेसहारा हो गयी। शाम को कल्लन लड़की को खेलाने ले गया था। घर आकर रोने लगा–"मैं बच्ची को बैठाकर किसी से बात कर रहा था कि इतने में न जाने कौन बच्ची को उठा ले गया। जब तक मैं उसे देखूँ, वह लेकर भाग गया।"

वह दहाड़ मारकर रोती रही। कल्लन भी रोता हुआ उसे समझाता रहा। और सुबह काम पर निकला तो फिर नहीं लौटा! कई दिन बीत गये, तब उसे मालूम पड़ा कि कल्लन की नौकरी छूट गयी, कहीं भाग गया। बाद में यह भी मालूम पड़ा कि उसने लड़की किसी को बेच दी थी।

वह कई दिन तक तड़पती रही। सोचती रही, कहाँ जाये? जान-पहचान होने के बावजूद लोग एक-दूसरे में बहुत दिलचस्पी नहीं लेते हैं, मगर लौटकर जायेगी कहाँ? कहाँ रहेगी?

"कमरा खाली कर दे।" कमरे का मालिक कह रहा था।

"हम कहाँ जायें?"

"यह मैं क्या बताऊँ?"

"हाँ, आप ठीक कह रहे हैं।" उसने छोड़ने का फैसला कर लिय। और एक रात वह जनकपुरी पहुँच गयी। मंगलवार का दिन था। देखा, मन्दिर के सामने भिखारियों की भीड़ लगी थी। लोग मन्दिर से निकल-निकलकर भीड़ को प्रसाद और पैसे बाँट रहे थे। भूखी थी। भूख और तेज हो आयी। लाइन में किनारे की ओर बैठ गयी। लोगों से प्रसाद पाती गयी, खाती गयी, थोड़ी-सी राहत मिली। एक आदमी प्रसाद बाँटता-बाँटता इसके सामने ठिठका, देखा, कुछ पहचानने की कोशिश की, फिर आगे बढ़ गया। उसका जी धक्क से रह गया। यह मंदिर उसके घर से

दूर दूसरे ब्लाक में था। यहाँ भी उसे कोई पहचानता है। हाय रे! जब काफी देर हो गयी तो भिखारियों के साथ-साथ वह भी उठने को हुई। उसने देखा कि उसके आगे भी कुछ पैसे बिखरे हुए थे। उसने उसे उठाया, गिना, पचास पैसे थे। खोमचे वाले से उसने भुने हुए चने लिये, खाये। अब कहाँ जाये? एक भिखारी परिवार सामने फुटपाथ पर गुदड़ी-कथरी बिछाये लेट रहा था? वह उससे थोड़ी दूरी पर लेट गयी। रात भर उसे नींद नहीं आयी।

उसके माँ-बाप तक खबर पहुँची कि वह आ गयी है। भीख माँगती है। बाप ने गाली दी, बहन ने गाली दी, माँ चुप रही। इन लोगों ने मोहल्ले में कह रखा था कि वह बुआ के यहाँ गयी है। बुआ ने उसे गोद ले लिया है। वहीं रहेगी। लेकिन अब क्या करें? इस साली ने तो कहीं का नहीं रखा। बाप गरजा, "इस कुतिया ने तो इस घर की नाक कटा दी।"

"कभी इस घर की नाक थी क्या?" माँ के मुँह से निकल पड़ा।

"अब तू साली लात खायेगी। गधी, तुझसे कह रखा है कि तू घर के मामले में मत बोला कर।"

माँ चुप हो गयी और शुक्र मनाया कि पिटाई नहीं शुरू हो गयी।

शाम को माँ निकली और उस मंदिर की ओर चली गयी जहाँ वह बैठी थीं, माँ डरती-डरती भिखारियों को देखती हुई आगे बढ़ रही थी कि एकाएक रुक गयी। चार आँखें मिलीं और आपस में चिपक गयीं। बहुत देर तक यही स्थिति रही। फिर माँ मंदिर में गयी। वहाँ से निकली। भीगी आँखों से फिर उसकी ओर देखा और आगे बढ़ गयी। वह देखती रहीं धीरे से उठी, माँ के पीछे-पीछे चलती गयी। माँ एक अँधेरे कोने में जाकर फफक पड़ी। वहीं छिपकर रोती रही।

"माँ!"

आवाज़ सुन माँ ने पीछे मुड़कर देखा, झपटकर उसे छाती में भर लिया, देर तक रोतीं रही।

"कहाँ थी रे? और आयी भी तो इस हालत में?"

"क्या करूँ, माँ? क्या तुम्हारे घर आती? क्या वहाँ मुझे कोई घुसने देता? और क्या तुम मुझसे इस तरह मिल पातीं?"

फिर उसने सारा किस्सा सुना दिया। माँ सुनती रही। बोली—"हाय, मैं भी एक माँ हूँ, जो बच्चों के लिए कुछ भी नहीं कर सकती? कितनी बेसहारा माँ हूँ, जो बच्चों को प्यार का भी सहारा नहीं दे सकती, जो अपने बच्चों को भीख माँगता देखकर भी यह नहीं कह सकती कि चल, घर चल।"

माँ चली गयी थी और वह यों ही चल रही थी। रात को सोयी हुई थी, उसकी नींद टूट गयी। एक भिखारी पुरुष भिखारी नारी से गुँथा हुआ था। उसके भीतर की भी औरत जाग उठी, उसे तोड़ने लगी, नींद टूट गयी। अंग-अंग टूटने लगा,

"हरामजादा, ठाँव-कुठाँव भी नहीं देखता।"

कुछ दिनों बाद वह मंदिर के आसपास दिखाई नहीं पड़ी। भिखारियों ने समझा कि कहीं चली गयी। एक दिन उन्होंने देखा कि उस जैसी ही एक लड़की अच्छी साड़ी ब्लाउज पहने, चेहरे पर लाली पोते, अच्छा-सा सैंडिल पहने और हाथों में एक बड़ा सा पर्स लिये चली आ रही है। वह इन्हें देखकर मुस्करा रही थी। भिखारियों ने समझा कोई और है, लेकिन उसने पास आकर पूछा, "कैसे हो तुम लोग?"

"अरे तुम हो? यह कैसे हो गया?"

"बस ऐसे ही।" वह मुस्कराकर निकल गयी। पहचानने वालों ने देखा तो समझ गये कि कोई बड़ी चीज हुई है और बात फैलते-फैलते फैल गयी।

उसने एक छोटा-सा कमरा लेना चाहा। बड़ी मुश्किल हुई। अकेली लड़की को कमरा देने को कोई राजी ही न हो। मर्द तैयार हो तो उसकी औरत हाय-तौबा मचा दे और तरह-तरह की बातें करने लगे। आखिर उसे पंखा रोड पर एक कमरा मिला, लेकिन उसे कुछ काम-धाम करने का स्वांग रचना पड़ा। उसने बताया कि वह कुँवारी है, किसी आफिस में काम करती है। वह सज-धजकर दस बजे निकल जाती और शाम को काफी देर में आती। हाँ, इन दिनों ओवर टाइम करना पड़ता है। वह धीरे-धीरे सिगरेट पीने लगी। जहाँ रहती, वहाँ सबके सामने नहीं पीती, कमरे में पीती या फिर रास्ते में पीती। खुश थी। पैसे भी मिलते हैं और उसकी भयानक काम-ज्वाला भी शान्त होती है, लेकिन अब थकान लगने लगी है। उसकी आग ठंडी होती जा रही है। घर लौटती तो थक जाती, देह टूटने लगती। इच्छा हो या न हो, उसे मशीन की तरह ग्राहक की मर्जी पर तैयार होना पड़ता ही है। ऊपर-ऊपर सजती जा रही है, भीतर-भीतर खाली होती जा रही है। क्या जिन्दगी मिली, कोई तो अपना हुआ होता। कब तक चलेगा इस तरह? जिस दिन देह काम की न रहेगी उस दिन...?

एक दिन पुलिस ने छापा मारा और अखबारों में कई लोगों के साथ उसका भी नाम-पता छपा। मकान मालिक आया और कहा कि फौरन कमरा खाली करो। और उसने कमरे में घुसकर उसका सामान बाहर फेंक दिया। सामान था ही क्या, एक बक्सा था, कुछ बरतन थे।

वह कमरे के बाहर खड़ी रो रही थी—कहाँ जाये? और लाग गालियाँ दे रहे थे। धीरे-धीरे उसने बक्सा उठाया, और वहीं से चल पड़ी। कहाँ जाये? क्या जिन्दगी का अन्त कर दे? हाँ, ऐसा ही करेगी।

"ऐ बेटी!"

उसने मुड़कर देखा, एक बूढ़ी औरत खड़ी थी।

"चल, मेरे यहाँ चल।"

वह कुछ नहीं बोली, केवल खड़ी रही और बिखरते लोग जाते-जाते फिर रुक गये थे।

''चल, बेटी! ये जितने तमाशा देखने वाले है न, ये औरत का दुख नहीं समझते। ये केवल मजा लेते हैं। अभी तू इन्हें अकेले में मिल जाये न तो तेरा पाँव चाटने लगेंगे। लेकिन खुले आम कुलटा कहेंगे, छिनाल कहेंगे।''

''ऐ बुड्ढी, क्य बक रही है। तेरी शामत आयी है क्या? कुछ लोग चिल्लाये।

''चल, बेटी चल, इन्हें बकने दे। सरकार का दिया हुआ कमरा है, अपनी कमाई का खाती हूँ, मुझे किसी का डर नहीं पड़ा हुआ है।''

वह उसके साथ हो ली, लोग देखते रहे।

बुढ़िया बोलती जा रही थी–''मेरा कोई नहीं है, मैं चौका-बरतन करती हूँ। तेरी जैसी एक बेटी थी, जो बीमारी में दवा बगैर तड़प-तड़पकर मर गयी। तुझे देखा तो उसकी याद आ गयी। देख बेटी, मैं जानती हूँ, औरत बुरी नहीं होती, उसे बुरी बनाया जाता है। तू जो भी रही हो, अपनी मर्जी से नहीं रही होगी, लेकिन अब तू अपने हाथों के काम पर जीना सीख। तुझे चौका-बरतन के कुछ काम दिला दूँगी। थोड़ा ही मिलेगा, लेकिन उससे मन को चैन मिलेगा। समझी न, बेटी।

वह चुप थी। बोली-हाँ माँ, समझ रही हूँ।''

''तेरे मुँह से 'माँ' कितना प्यारा लगता है, बेटी।''

''हाँ, माँ आँ आँ...'' वह रोने लगी थी। बुढ़िया की आँखों से उसकी माँ की आँखें उतर आयी थीं।

□□